Olaf Scholz
Der Weg zur Macht

KLARTEXT

Lars Haider

Olaf Scholz
Der Weg zur Macht

Das Porträt

Bibliografische Information der Deutschen Nationalbibliothek
Die Deutsche Nationalbibliothek verzeichnet diese Publikation
in der Deutschen Nationalbibliografie; detaillierte bibliografische
Daten sind im Internet über portal.dnb.de abrufbar.

IMPRESSUM

2. Auflage Januar 2022
Umschlaggestaltung: Joachim Bartels, Achim Nöllenheidt
Satz und Gestaltung: Medienwerkstatt Kai Münschke, www.satz.nrw
Lektorat: Sibylle Brakelmann, Hagen
Umschlagfoto: Reto Klar / FUNKE Foto Services
Autorenfoto: Mark Sandten / FUNKE Foto Services
Druck und Bindung: Mohn Media,
Carl-Bertelsmann-Straße 161 M, 33311 Gütersloh

© Klartext Verlag, Essen 2021
ISBN 978-3-8375-2489-5
ISBN ePUB 978-3-8375-2492-5

KLARTEXT

Jakob Funke Medien Beteiligungs GmbH & Co. KG
Jakob-Funke-Platz 1, 45127 Essen
info.klartext@funkemedien.de
www.klartext-verlag.de

Für alle Außenseiter und Außenseiterinnen

Inhalt

Die Scholz-Story

Wie alles begann

Der kürzeste Witz, der im Frühjahr 2021 im politischen Berlin erzählt wurde, ging so: „Olaf Scholz wird Bundeskanzler."

Im Winter des Jahres wurde er es tatsächlich.

Dies ist die Geschichte eines Politikers, der belächelt und als „Scholzomat" verspottet wurde, den die eigene Partei lange nicht geliebt hat und der trotzdem fest daran glaubte, eines Tages Bundeskanzler der Bundesrepublik Deutschland zu werden.

Spätestens seit dem Jahr 2018 hatte Olaf Scholz dafür einen Plan. Es war die Zeit, in der er Abschied von Hamburg nahm; es waren seine letzten Tage als Erster Bürgermeister, bevor er Bundesfinanzminister und Vizekanzler in Berlin wurde und von Hamburg-Altona nach Brandenburg zog. Und es war der Beginn, aus heutiger Sicht darf man das so sagen, einer Legende. Der Legende, na gut: Geschichte davon, wie Olaf Scholz Kanzler werden könnte.

Die Scholz-Story.

Damals, noch in Hamburg, hat er begonnen, sie zu erzählen, in Gesprächen mit Journalisten und politischen Freunden, die oft nicht glauben konnten, was sie hörten. Denn der Plan, den Scholz ihnen vortrug, klang weit hergeholt für einen, der bei SPD-Parteitagen von vielen nicht wie ein Genosse, sondern wie ein Gegner behandelt wurde, und der in Hamburg gerade das G20-Debakel hinter sich gebracht und mit viel Mühe sowie einer öffentlichen Entschuldigung politisch überstanden hatte.

In Kurzform ging die Scholz-Story so: Er wechsele nach Berlin, um sich dort in der Großen Koalition neben Angela Merkel als wichtigstes Mitglied der Bundesregierung zu etablieren. Wenn

Merkel nach der Legislaturperiode, im September 2021, nicht erneut kandidiere, also zum ersten Mal in der Geschichte der Bundesrepublik kein Amtsinhaber zur Wahl stehe, würden viele Bürgerinnen und Bürger eine Sehnsucht nach jemanden haben, der ähnlich erfahren, ähnlich kompetent und überhaupt so ähnlich sei wie die beliebte Kanzlerin. In genau dieser Rolle sehe er sich, sagte Scholz. Und ahnte damals, 2018, voraus, was im Spätsommer des Jahres 2021 passieren würde. Dass die Menschen sich nämlich erst fünf, sechs Wochen vor der Wahl damit beschäftigen würden, dass die Ära Merkel nach 16 Jahren tatsächlich zu Ende geht. Und dass dann seine Stunde schlagen würde. Die Stunde des Olaf Scholz.

Dass es so gekommen ist, dass Scholz nicht nur Kanzlerkandidat der SPD wurde, sondern bei der Bundestagswahl sogar der Sieger, ist aus Sicht vieler Beobachter ein Wunder – und nährt heute den Respekt vor dem Mann, der genau diese Entwicklung herbeigeredet hat. All diejenigen, denen er 2018 und in den folgenden Jahren davon erzählt hat, hörten zwar höflich zu, dachten sich aber ansonsten ihren Teil. „Meinst du, dass er das selbst glaubt?", hat mich mal ein Journalistenkollege gefragt. Und wahrscheinlich gemeint: Jetzt dreht er völlig durch.

Es gibt nicht wenige, die Scholz angesichts seiner abenteuerlichen Geschichte für verrückt gehalten haben und ihm bis zum Schluss nicht folgen wollten. Selbst als alle Meinungsforschungsinstitute wenige Wochen vor der Wahl die SPD vor der CDU sahen, teilweise mit fünf Prozentpunkten Vorsprung, glaubten im politischen Berlin viele daran, dass sich das noch mal dreht – oder, dass die Umfragen schlicht falsch sind. „Wirst sehen", sagte ein Berliner Chefredakteur zu mir, „in der Wahlkabine machen die Leute doch ihr Kreuz bei der CDU/ CSU. Sie trauen sich nur nicht, das öffentlich zu sagen." „Laschet holt auf", schrieb eine große Zeitung, als der Kanzlerkandidat der CDU/CSU in einer Umfrage den Rückstand auf

Olaf Scholz wenige Tage vor der Wahl um 0,5 Prozentpunkte verringerte.

Der Bestsellerautor Robin Alexander („Machtverfall") hatte die Lage mehrere Wochen vor der Wahl viel klarer analysiert. In meinem Podcast sagte er: „Viele Leute, die sich nicht jeden Tag mit Politik beschäftigen, werden sich für die Wahl erst kurz vor dem Wahltermin interessieren. Viele werden denken: Eigentlich sind wir mit der Merkel doch gut gefahren. Und dann sagt Annalena Baerbock: Ich bin auch eine Frau. Und Armin Laschet: Ich bin auch in der CDU. Und was sagt Olaf Scholz? Er sagt: Ich war ihr Finanzminister und Vizekanzler. Ich habe gezeigt, dass ich das kann. Es ist ja auch nicht ehrenrührig, dass man bei einer Kanzlerkandidatur die Kompetenz in den Vordergrund stellt."

Das ist, in anderen Worten, die Geschichte, die Scholz und vor allem seine Vertrauten Wolfgang Schmidt und Steffen Hebestreit so lange und so oft erzählt haben, dass sie viele (Journalisten) in Berlin schon nicht mehr hören konnten. Spätestens dann nicht, als Scholz' Versuch, zusammen mit Klara Geywitz SPD-Vorsitzender zu werden, misslang und er mitansehen musste, wie ausgerechnet Norbert Walter-Borjans und Saskia Esken an ihm vorbeizogen. Das war Ende 2019 und jeder andere Politiker hätte wahrscheinlich gesagt: Macht euren Kram allein. Wenn ihr mich nicht wollt, dann kriegt ihr mich eben nicht.

Scholz dachte, Scholz denkt grundsätzlich anders. Für ihn sind Rückschläge kein Grund aufzugeben. Sie stacheln ihn an, es besser, zumindest anders zu machen. Schon als Hamburger Bürgermeister hatte er die Eigenschaft, nach Niederlagen – etwa der gescheiterten Bewerbung um die Olympischen Sommerspiele 2024 – sofort zur Tagesordnung zurückzukehren. Das wirkte manchmal skurril, frei von jeglicher Empathie und irgendwie wirklichkeitsfremd. Aber es ist Scholz' Art, mit Niederlagen umzugehen. Er macht weiter, als wäre nichts gewesen.

Dass ihm das selbst nach dem verpatzten Duell um den SPD-Vorsitz gelungen ist, hat viel mit einer historischen Ausnahmesituation zu tun, die für das Land und die Welt zur Unzeit kam, Scholz aber, auch wenn das zynisch klingen mag, geholfen hat. Der Kampf gegen die Corona-Pandemie brachte ihn zurück ins Scheinwerferlicht und anders als sonst fand er auf Anhieb plakative Worte („Bazooka") für die Politik, mit der er wenigstens die wirtschaftlichen Folgen der Krise heilen wollte. Dabei nutzte ihm natürlich, dass er vorher trotz vieler Begehrlichkeiten das staatliche Geld halbwegs zusammengehalten hatte, vorausschauend „für schlechte Zeiten". Die waren nun, im März 2020, da – und der Finanzminister Scholz konnte, wie bei der Finanzkrise vor gut zehn Jahren der Arbeitsminister Scholz, zeigen, was er kann. Nämlich, dass er sich mit all dem, „um das es geht und das jetzt wichtig ist" (eine seiner Lieblingsformulierungen), wirklich auskennt.

Es ist schwer zu sagen, wie groß der Einfluss der Pandemie auf den Ausgang der Bundestagswahl gewesen ist, aber eins ist sicher: Sie hat Olaf Scholz in die Lage versetzt, an seine Legende anzuknüpfen und seinen Plan weiterzuverfolgen. Der war sein größter Vorteil gegenüber Armin Laschet und Annalena Baerbock, der Spitzenkandidatin der Grünen. Weil Scholz davon überzeugt war, dass alles genauso kommt, wie es gekommen ist, konnte er sich und die Partei auf diese Situation lange und ausführlich vorbereiten.

Das eigene Programm, die Ernennung zum Kanzlerkandidaten, die vom Hamburger Raphael Brinkert komponierte Werbestrategie, die Fotos und Farbe auf den Plakaten, die Slogans und wichtigsten Formulierungen: All das stand bei der SPD und Olaf Scholz mehr oder weniger schon fest, als die anderen Parteien noch nicht einmal ihre Kandidaten ausgewählt hatten. Scholz konnte sich ausprobieren, er legte als Wahlkämpfer die Krawatte ab, er fing an, die Faust zu ballen, wenn er Reden hielt, er änderte die Tonlage. Er überwand die frühere Schüchternheit, auf Menschen zuzugehen, er zeigte den anderen Olaf Scholz, wenn er plötzlich in Interviews über Liebe zur Sozialdemokratie *und* zu seiner Frau Britta Ernst sprach und auf Entweder-oder-Fragen wie folgt antwortete: „Herz oder Verstand, Herr Scholz?" „Herz natürlich."

Die Kampagne der SPD wurde voll auf Olaf Scholz zugeschnitten, Saskia Esken, Norbert Walter-Borjans und Kevin Kühnert verschwanden im Hintergrund, als seien sie zwischenzeitlich aus der Partei ausgetreten. Und wenn sie sich äußerten, klangen sie auf einmal, als hätten sie sich in ihrem Leben nichts mehr gewünscht, als mit einem Kanzlerkandidaten Olaf Scholz in den Wahlkampf zu ziehen (inzwischen stimmt angesichts des Bundestagswahlergebnisses selbst das).

Die Idee hinter der Strategie: Je beliebter Scholz wird, je mehr Menschen sich vorstellen können, dass er Angela Merkel im Kanzleramt nachfolgt, desto größer ist die Wahrscheinlichkeit, dass er die SPD in Umfragewerten mitzieht. So ist es gekommen, die Entwicklung begann ungefähr sechs Wochen vor der Wahl, auch das genauso, wie Scholz es angekündigt hatte.

Dabei war sein Plan gar nicht, mit der SPD vor der CDU/CSU zu landen, was angesichts der jahrzehntelangen Dominanz der Union und ihrer üblichen Werte jenseits der 30 Prozent sogar für einen Olaf Scholz vermessen gewesen wäre. Er hat immer nur gesagt, dass es möglich sein könnte, „mit 20 Prozent plus x" im Jahr 2021 Bundeskanzler zu werden. Und damit gemeint, dass er auf jeden Fall vor den Grünen sein muss, um dann mit denen und einem weiteren Partner eine Regierung zu bilden.

Dass es anders gekommen ist, dass die SPD, die im Sommer in Umfragen noch bei 15 Prozent lag, am Ende sogar die stärkste aller Parteien geworden ist, hat auch mit der viel beschriebenen Schwäche der Gegenkandidaten zu tun. Das Scholz-Lager hat sich Armin Laschet als CDU/CSU-Mann gewünscht, auch in dieser Beziehung lief alles nach Plan. Markus Söder wäre ein anderer Gegner gewesen, auch weil er das hat, was Olaf Scholz fehlt. Söder strahlt den Drang zur Macht aus und kann damit Menschen begeistern. Scholz hat diesen Drang, diesen Macht- und Gestaltungswillen zwar auch – und wie! –, aber man sieht es ihm etwa so sehr an, wie man Joe Biden angesehen hat, dass er amerikanischer Präsident werden wollte. Geworden ist er es bekanntlich trotzdem.

Scholz profitierte zudem davon, dass sein wichtigstes Thema eines der dominierenden im Wahlkampf war. Soziale Gerechtig- keit, SPD-Übersetzung: sozialer Respekt, tauchte in einigen Wahlumfragen in der Bedeutung bei den Wählerinnen und Wählern sogar vor der Klimakrise auf – offenbar, weil viele Men- schen das Gefühl hatten, dass sich sowohl in dem einen als auch in dem anderen Bereich nicht genügend getan hat. Und dass es deshalb einen inhaltlichen Wechsel braucht, gleichzeitig aber personelle Kontinuität, zumindest was die Eigenschaften eines Kanzlers angeht. Der sollte möglichst so sein wie die Merkel, also klug, besonnen, erfahren und belastbar.

Das sind Adjektive, mit denen die SPD für Scholz und Scholz für sich geworben hat. Er mochte es sehr, wenn man ihn im Wahlkampf nach Angela Merkel fragte. Erstens, weil er die Kanz- lerin anders als Armin Laschet frei heraus loben, und zweitens, weil er jedes Mal seinen Lieblingssatz sagen konnte. Nämlich, dass er mit Merkel „sowohl als Arbeitsminister als auch als Erster Bürgermeister und zuletzt als Vizekanzler sehr gut zusammen- gearbeitet" hat. Arbeitsminister! Bürgermeister! Vizekanzler! Das hieß dreimal: Ich habe schon bewiesen, dass ich es kann.

Und das hat er tatsächlich, auch wenn nicht alles funktioniert hat, was Olaf Scholz in seiner politischen Karriere angefasst hat. Wer aber etwa sein Wirken als Hamburger Bürgermeister auf das Treffen der Staats- und Regierungschefs bei G20 im Jahr 2017 beschränkt, dessen Verlauf er tatsächlich völlig falsch eingeschätzt hat, oder auf eine bis heute nicht bewiesene Rolle im Cum-Ex-Skandal, tut ihm unrecht. Scholz war es, der das Drama um den Bau der Elbphilharmonie zu einem guten Ende brachte und der endlich anfing, in Hamburg Wohnungen im großen Stil bauen zu lassen. Scholz setzte kostenlose Kitas und Ganztagsschulen durch, machte Hamburg zu einer der attraktivsten Städte in Europa. Und, auch das wird oft übersehen, wenn der politische Gegner kritisiert, dass es hinter Scholz „gar kein Team" gibt: Er hat in Hamburg für seinen Senat mit Peter Tschentscher, Ties Rabe, Melanie Leonhard und Carsten Brosda damals weitgehend unbekannte Politikerinnen und Politiker ausgewählt, die heute in Deutschland hochgeachtet sind. So hoch, dass sich die Hamburger Kulturszene schon während des Wahlkampfes sorgte, Brosda könne nach der Wahl nach Berlin gehen. Oder, um es mit Schmidt Theater-Gründer Corny Littmann zu sagen: „Scholz kann meinetwegen Kanzler werden, aber Brosda bleibt in Hamburg."

Nun ist er wirklich Kanzler. Olaf Scholz. Der auch wegen des Hamburgers Helmut Schmidt in die SPD eingetreten ist und heute gern mit ihm verglichen wird. Der nicht wie Gerhard Schröder, ein Förderer und Mentor, am Zaun des Kanzleramtes gerüttelt hat, aber lange wusste, dass er genau dort hineinwill. Wer ihn, wie ich, im vergangenen und für seine politische Karriere entscheidenden Jahrzehnt häufig getroffen und oft erlebt hat, bei offiziellen Terminen genauso wie in Hintergrundgesprächen, ist am Ende gar nicht so überrascht davon, wie alles gekommen ist. Es wirkt fast selbstverständlich, eben weil man es so oft gehört hat. Um es mit einem Lieblingsbegriff der Berliner Politik-Blase zu sagen: Wenn es jemals ein Narrativ gegeben haben sollte, das diesen Namen wirklich verdient hat, dann ist es die Geschichte, die Olaf Scholz allen erzählt hat.

Eine verzweifelte SPD, ein schwacher Gegner

Die Bürgerschaftswahl 2011 in Hamburg als Generalprobe

Zwischen den beiden wichtigsten Wahlen in der politischen Karriere des neuen Kanzlers liegen genau zehn Jahre. Die Wahl zur Hamburgischen Bürgerschaft 2011 hat viel mit der Bundestagswahl 2021 gemeinsam, zumindest aus Sicht der SPD und ihres Spitzenkandidaten, der in beiden Fällen Olaf Scholz hieß.

Als dieser damals zurück in seine Heimatstadt kam, war die Sozialdemokratie in Hamburg am Boden. Ausgerechnet hier, in der Stadt von Helmut Schmidt (der übrigens nie Erster Bürgermeister gewesen ist), von Klaus von Dohnanyi, Henning Voscherau und Hans-Ulrich Klose, hatte 2001 völlig überraschend die CDU die Führung des Senats übernommen. Das kam in Hamburg, das jahrzehntelang von der SPD so regiert worden war, wie die CSU in Bayern regiert, einem Staatsstreich gleich, auch, weil der neue Bürgermeister Ole von Beust nur mithilfe des Rechtspopulisten Ronald Schill ins Amt gelangt war. Was für die hanseatischen Genossinnen und Genossen zunächst wie ein Ausrutscher aussah, entpuppte sich als neue Ära in Deutschlands zweitgrößter Stadt. Von Beust warf Schill aus der Regierung, als der ihm drohte, seine Homosexualität und ein vermeintliches Verhältnis zu einem Senator öffentlich zu machen, und holte bei der vorgezogenen Bürgerschaftswahl 2004 die absolute Mehrheit. Die Affären seines ehemaligen Innensenators (Schill) hatten dem Bürgermeister nichts anhaben können, im Gegenteil: Die Hamburger mochten den jungenhaften Regierungschef, im Wahlkampf reichten der CDU Plakate mit der Aufschrift „Michel – Alster – Ole". Von Beust war vom unterschätzten Politiker zum Wahrzeichen der Stadt geworden; über die SPD und die Tradition ihrer kaufmannsnahen, liberalen und intellektuellen Bürgermeister – von denen einige einen Hang zur Arroganz hatten – sprach auf einmal niemand mehr.

Das änderte sich erst 2010. Inzwischen regierte Ole von Beust in seiner dritten Amtszeit mit den Grünen, hatte aber sichtlich den Spaß daran verloren. Der Bürgermeister verschwand immer öfter schon am Freitagmittag Richtung Sylt, wo er in Westerland eine Wohnung hat, war auf offiziellen Anlässen in Hamburg genauso schnell wieder weg, wie er gekommen war. Am 18. Juli gab er seinen Rückzug aus der Politik bekannt, wenig später wurde der bisherige Innensenator Christoph Ahlhaus sein Nachfolger.

Es wäre ungerecht, ihn mit dem Armin Laschet aus dem Jahr 2021 zu vergleichen. Aber tatsächlich haben die beiden einige Gemeinsamkeiten. Sie waren Spitzenkandidaten der CDU bei einer wichtigen Wahl, sie stellten sich dabei alles andere als glücklich an. Und sie hatten denselben Gegner: Olaf Scholz.

Der hatte eigentlich nicht vorgehabt, Bürgermeister der Freien und Hansestadt zu werden, sah seine Zukunft damals eher in der nationalen und internationalen Politik. Doch die Not der Hamburger SPD war groß nach den langen Jahren in der Opposition und internen Skandalen. Der Ruf nach Olaf Scholz klang wie ein Flehen und er erhörte ihn auf seine Art: „Wer bei mir Führung bestellt, bekommt sie auch", sagte er, als er 2009 den Vorsitz des Landesverbandes übernahm und begann dort aufzuräumen. Scholz hatte sich nicht aufgedrängt, Scholz war gebeten worden von seiner Partei: Genauso mag er das, genau darauf hat er auch immer auf Bundesebene gewartet, am Ende bis zur Kanzlerkandidatur 2021.

Zurück nach Hamburg und ins Jahr 2011, das eine für das Leben und die Karriere von Olaf Scholz entscheidende Wendung bringen sollte. Christoph Ahlhaus machte als neuer Bürgermeister nicht alles, aber vieles falsch. Die schwarz-grüne Regierung, die erste überhaupt auf Landesebene, zerbrach wenige Monate nach seinem Amtsantritt. Hamburg musste neu wählen. Diesmal konnte Olaf Scholz sich nicht, wie bei der Wahl 2008, drücken, wollte es auch gar nicht. Er übernahm die Spitzenkandidatur und konnte sich im Duell mit Ahlhaus darauf verlassen, dass der, ähnlich wie zehn Jahre später Armin Laschet, keinen Fehler auslässt.

Was bei Laschet der Lacher bei der Hochwasserkatastrophe in Erftstadt war bei Ahlhaus ein Foto mit seiner Gattin Simone in der herrschaftlichen Wohnhalle des Fünf-Sterne-Hotels Vier Jahreszeiten an der Binnenalster, veröffentlicht in einem Hochglanzmagazin. Das Bild zeigte einen Bürgermeister, der seine Frau nicht nur allen Ernstes „Fila" nannte – die Abkürzung stand für First Lady –, sondern der es auch nicht allzu sehr mit dem hanseatischen Understatement zu haben schien. Die mediale Resonanz war verheerend, im Wahlkampf ging es immer öfter um Oberflächlichkeiten, um das Erscheinungsbild des amtierenden Bürgermeisters („Kommt der nicht aus Heidelberg?") und am Ende sogar um ein geringeltes Polohemd.

Olaf Scholz musste gar nicht viel machen, um mit Anzug und Krawatte daneben hoch seriös und kompetent auszusehen. All das, was man in Berlin an ihm bemängelt, um nicht zu sagen verspottet hatte – seine Art zu reden, das mangelnde Charisma, die spröde Ernsthaftigkeit –, geriet im Wahlkampf 2011 zu unschlagbaren Vorteilen. Hamburg hatte genug von Affären und Skandälchen, man sehnte sich angesichts der gigantischen Fehlleistungen rund um die Planung und den Bau der Elbphilharmonie nach Verlässlichkeit. Scholz' Schwächen waren auf einmal Stärken und er musste gar nicht mehr tun, als zu versprechen, „ordentlich zu regieren".

Das kommt einem mit dem Blick aus dem Jahr 2021 ebenso bekannt vor wie die Frage, die der *Tagesspiegel* dem Bürgermeisterkandidaten Scholz in einem Interview im Februar 2011 stellte: „Kann man sagen: Olaf Scholz verdankt seine momentane Popularität vor allem den Schwächen der anderen?"

Die Wahrheit ist: Wahrscheinlich hätte jeder Spitzenkandidat der SPD die Bürgerschaftswahl am 20. Februar 2011 für sich entschieden. Das galt für die Bundestagswahl 2021 nicht, die Scholz bekanntermaßen nicht gewonnen hat, *weil*, sondern *obwohl* er in der SPD war. Aber die Schwäche des beziehungsweise der Gegenkandidaten hat ihm hier wie dort geholfen.

Als ich Olaf Scholz wenige Wochen vor der Bundestagswahl in Berlin traf und fragte, wie er sich fühle, sagte er: „Es fühlt sich an wie 2011." Was man schnell falsch verstehen konnte, weil Scholz 2011 in Hamburg die Wahl mit absoluter Mehrheit gewonnen hat. Der Kanzlerkandidat meinte etwas anderes. Wie damals in Hamburg spürte er im Spätsommer 2021, dass und wie die Stimmung sich gedreht hatte. In den Gesprächen mit Bürgerinnen und Bürgern genauso wie bei Treffen mit Journalistinnen und Journalisten. Er kannte dieses Gefühl, weil er schon einmal erlebt hatte, wie es ist, mit einer tief frustrierten und eben noch zerrütteten Partei aus dem Nichts zu kommen und zu gewinnen. Insofern hat ihm die Erfahrung seines ersten Wahlsieges auch die Gelassenheit gegeben, die ihn in der Schlussphase des Bundestagswahlkampfes von seinen direkten Konkurrenten abgehoben hat.

2011 war noch aus einem anderen Grund wichtig für die Entwicklung von Olaf Scholz: Zum ersten Mal musste er sich ohne Wenn und Aber willkommen gefühlt haben. In seiner Zeit in Berlin, sei es als Abgeordneter, als SPD-Generalsekretär und schließlich als Bundesarbeitsminister, wurde er respektiert für seine tiefen und tiefsten Detailkenntnisse, für seinen Arbeitseinsatz und die Bereitschaft, alles, wirklich alles für die Politik zu geben. Aber gemocht wurde er nicht, weil er so war, wie er war: sperrig, unzugänglich, langweilig. Das änderte sich in Hamburg, der Stadt, die von ihren Bewohnerinnen und Bewohnern gern als die schönste der Welt bezeichnet wird und in der selbst Menschen wie Udo Lindenberg davon träumen, eines Tages Ehrenbürger zu werden (inzwischen hat er es geschafft). Wer hier Bürgermeister wird, erfährt eine ungewöhnliche Achtung und Zuneigung von den Bürgerinnen und Bürgern. Olaf Scholz hat die, vor allem in den ersten Jahren, genossen und sie hat ihm gutgetan. Nun hat er in der Lebensspanne, die ich übersehen kann, nie an einem mangelnden Selbstbewusstsein gelitten, anders geht es wahrscheinlich auch nicht, wenn man das werden will, was Scholz geworden ist. Er selbst hat sich schon immer gut gefunden. In Hamburg, seiner Heimatstadt, haben das von 2011 an aber auch andere getan. Zum ersten Mal hatte Scholz so etwas wie Beliebtheitswerte, zum ersten Mal zeigten Menschen ihm, dass sie ihn so mochten, wie er ist. Seine Lehre: Ich muss mich nicht verstellen, wenn ich erfolgreich sein will, ich muss keine große Show abziehen. Ich muss einfach nur besser regieren als andere.

„Wer bei mir Führung bestellt, bekommt sie auch"

Das Prinzip Scholz

Als Olaf Scholz ein kleiner Junge war, hat er zwei Musikinstrumente gelernt: Blockflöte, wie das viele Schüler tun, und Oboe. Das passt an den Beginn eines Kapitels, in dem es um Scholz' Führungsstil gehen soll. Denn die Oboe gibt, wenn ich meinem Kollegen und allseits geschätzten Konzertkritiker Joachim Mischke glauben darf, dem Orchester das „A" vor „und damit die Stimmung".

Dass Olaf Scholz gern den Ton angibt, ist keine neue Erkenntnis. Wer ihn in seinen verschiedenen Rollen als Generalsekretär der SPD, Minister oder Bürgermeister beobachtet hat, erlebte einen Mann, der sehr macht- und selbstbewusst ist, der genau weiß, was er will, und, fast noch wichtiger, was er nicht will. Es klingt nicht selten Kritik mit an diesen Eigenschaften, etwa wenn die *ZEIT* davon schreibt, dass die Abkürzung OWD für „Olaf will das" ein geläufiger Begriff im Hamburger Rathaus gewesen sei. Scholz vorzuwerfen, ein Machtmensch zu sein, der sich durchsetzt, wäre aber in etwa so, wie FC Bayern Münchens Stürmerstar Robert Lewandowski dafür zu kritisieren, dass er jedes Mal eiskalt ein Tor schießt, wenn sich die Gelegenheit dazu ergibt. Olaf Scholz wäre nicht Kanzler geworden, wenn er nicht den Willen und den Spaß hätte, anderen Menschen zu sagen, wie sie etwas zu machen haben, wenn er nicht die Richtlinien und Richtungen der Politik selbst bestimmten wollte. Die entscheidende Frage dabei ist, gerade im Blick auf die Stabilität und den Fortbestand der Koalition aus SPD, Grünen und FDP bis zur nächsten Bundestagswahl, ob er neben sich andere glänzen lassen kann.

Man muss wissen: Der neue Kanzler ist ein Besserwisser, war es laut Aussagen seines Vaters schon zu Schulzeiten. Auch das klingt zunächst einmal nicht besonders nett, um nicht zu sagen böse, ist aber nicht so gemeint. Wer schreibt, dass Olaf Scholz ein Besserwisser ist, schreibt in den meisten Fällen nur die Wahrheit. Er kennt sich in den Tiefen der Politik, in Sach- und Detailfragen so gut aus wie wenige in Deutschland. Er ist einer dieser Aktenfresser, die andere Entscheidungsträger, die sich schnell und oberflächlich von Referenten informieren lassen, fürchten. Scholz will Informationen aus erster Hand, er liest viel, und, auch das, er hört gern und lange zu, wenn er glaubt, dass andere Menschen etwas zu sagen haben und er von ihnen lernen kann.

Wer mit Olaf Scholz in Verhandlungen geht, muss wissen, dass er maximal vorbereitet ist und jede inhaltliche Schwäche des Gegenübers erkennt und für die eigene Sache nutzt. „Man muss extrem ausgeschlafen sein, idealerweise auch bis ins letzte Detail gut vorbereitet, wenn man mit ihm verhandelt", sagte Katharina Fegebank. „Und man muss eine Idee davon haben, wo man hinwill." Fegebank ist 2015 unter Scholz Zweite Bürgermeisterin und Hamburger Wissenschaftssenatorin geworden, sie hat damals unter anderem mit ihm die rot-grüne Koalition verhandelt. Und sie hatte es nicht leicht, weil Scholz bei der Bürgerschaftswahl zuvor nur knapp erneut die absolute Mehrheit verpasst hatte. 45,6 Prozent der Stimmen für seine SPD bedeuteten eine deutlich andere Verhandlungsposition, als es die 25,7 Prozent nach der Bundestagswahl 2021 waren. Entsprechend liefen die Gespräche zwischen Sozialdemokraten und Grünen ab, die in Hamburg knapp über zwölf Prozent kamen. Am Ende bezeichnete Scholz in einem für ihn auch nicht unüblichen Anflug von Überheblichkeit den neuen Senat als Fortsetzung der Alleinregierung mit „grünem Anbau". Das war so falsch nicht, siehe oben, ärgerte Katharina Fegebank trotzdem. Als sie ihn aufforderte, das Anbau-Zitat nicht zu wiederholen, soll Scholz nur genickt und gesagt haben: „Das muss ich jetzt ja gar nicht mehr." Auch das ist typisch für ihn. Er weiß, dass er bestimmte Sätze nur einmal sagen muss, weil sie sich danach verselbstständigen. Der Spruch „Wer bei mir Führung bestellt, bekommt sie auch" ist aus dieser Reihe der bekannteste.

Und, da dürfen sich seine politischen Gegner wie Verbündeten keine Illusionen machen: Er ist genau so gemeint. Es war kein Zufall, dass ausgerechnet Katharina Fegebank ihre Grünen 2021 vor den Koalitionsgesprächen mit Olaf Scholz warnte und dazu riet, die Alternative einer Jamaika-Regierung lange offenzuhalten. „Olaf Scholz ist ein harter Verhandler", sagte sie der *Deutschen Presse-Agentur*. „Er hat den Anspruch, der Platzhirsch zu sein, Gespräche auch dominieren zu wollen und relativ wenig Spielraum zu lassen." Das ist wohl so, aber das heißt nicht, dass die Menschen in seinem Umfeld, Senatoren oder Minister, nichts zu sagen hätten und nur im Schatten des Allmächtigen stehen würden. Von Markus Söder erzählt man sich, dass er sich bei der Vergabe der wöchentlichen Pressetermine jeweils jene aussucht, die am vielversprechendsten klingen, den Rest teilen seine Minister dann unter sich auf. So hat sich Olaf Scholz als Hamburger Bürgermeister nicht verhalten, im Gegenteil: In seiner Zeit entwickelte sich etwa Ties Rabe, ehemaliger Redaktionsleiter eines Anzeigenblatts und gelernter Lehrer, zu einem der angesehensten Bildungspolitiker Deutschlands. Kultursenator Carsten Brosda gilt, nicht nur wegen seiner zahlreichen klugen (und selbstgeschriebenen!) Bücher als einer der neuen, intellektuellen Politikköpfe der Republik. Und Peter Tschentscher, unter Scholz Finanzsenator und nach dessen Wechsel nach Berlin überraschend Nachfolger im Amt des Bürgermeisters, wurde in und durch die Corona-Zeit zu einem der beliebtesten Ministerpräsidenten der Republik.

Überhaupt sagt es viel über Scholz, der aufgrund seiner Wahlergebnisse und der damit verbundenen Machtfülle oft als „König

Olaf" bezeichnet wurde, dass es nach seinem Rücktritt gleich vier Kandidaten innerhalb der Hamburger SPD gab, denen die Öffentlichkeit zutraute, Bürgermeister zu werden. Neben Tschentscher, in den das Vertrauen zu Beginn am wenigsten ausgeprägt war, und Brosda galt das noch für den damaligen Fraktionsvorsitzenden der Partei in der Bürgerschaft, Andreas Dressel, der heute Finanzsenator ist. Und für Melanie Leonhard, Landesvorsitzende der Hamburger SPD und Sozialsenatorin. Ihr Vorgänger in diesem Amt, Detlef Scheele, ist inzwischen übrigens Vorstandsvorsitzender der Bundesagentur für Arbeit …

Soll heißen: Es schadet der eigenen Karriere nicht, wenn man Mitglied einer Regierung unter Olaf Scholz war, auch wenn man durch eine harte Schule und nach den Regeln der Nummer eins spielen muss. Die wichtigste lautet: Scholz versucht alles, was intern zu klären ist, intern zu klären, er verabscheut Durchstechereien und öffentliche Schuldzuweisungen. In seiner Zeit als Hamburger Bürgermeister wird er sicher den einen oder anderen Senator in der wöchentlichen Besprechung oder unter vier Augen zur Rede gestellt haben, über die Medien hat er das so gut wie nie getan. Ein ehernes Prinzip, das selbst der Mann gut findet, der in Hamburg am ehesten gegen Olaf Scholz aufbegehrt hat, vielleicht auch, weil das seine nassforsche Art so mit sich brachte. Umweltsenator Jens Kerstan von den Grünen regelte die Dinge nach eigenen Angaben zwar auch am liebsten hinter den Kulissen und in gemeinsamen Sitzungen. Aber wenn ein öffentlicher Streit nötig sei, dann gäbe es den halt, sagte er einmal der *WELT*, und dass Olaf Scholz schlau genug gewesen sei, Konflikte, die bekannt geworden seien, schnell aus der Welt zu schaffen. Merke: Das könnte für Christian Lindner und Robert Habeck eine Methode sein, den Kanzler aus der Ruhe zu bringen.

Sonst ist das, und das bestätigen alle, die mit Olaf Scholz zusammengearbeitet haben, gar nicht so leicht. Er weiß, dass die scheinbar nicht enden wollende Gelassenheit, Beharrlichkeit und Sturheit zu seinen großen Stärken zählen, und er ist stolz darauf. „Ich verhandele oft und viel", sagte er einmal, „manchmal auch bis 3:30 Uhr morgens, zum Beispiel über die Neugestaltung der Bund-Länder-Finanzen. Da ging es um viele Milliarden und ich glaube, ich bin trotzdem ruhig geblieben." In solchen Situationen ist er seiner Vorgängerin Angela Merkel sehr ähnlich, Scholz' Belastbarkeit und Ausdauer sind mindestens so enorm wie seine Sachkenntnis. Er braucht sie aber auch, weil er andere Eigenschaften eben nicht besitzt, mit denen man Gesprächs- und Verhandlungspartner auf seine Seite ziehen könnte. Scholz ist nicht in der Lage, so etwas wie Leidenschaft zu entfachen, rhetorisch spielt er im Vergleich zu Politikern wie Söder, Habeck und Lindner in einer anderen Liga, ein Menschenfänger ist er bekanntermaßen auch nicht. Scholz muss mit Argumenten überzeugen, sonst hat er verloren und er braucht möglichst ernste Situationen, in denen es um viel geht. Deshalb war er besonders in schwierigen Zeiten gut, etwa als Arbeitsminister in der Finanzkrise, als Finanzminister in der Corona-Pandemie oder bei der Vollendung der Elbphilharmonie. Und deshalb wirkt er bei allen Terminen und Veranstaltungen, zu denen ein roter Teppich führt, irgendwie fehl am Platz. Das ist nicht seine Welt, so wie es nicht die Welt von Angela Merkel war.

Inzwischen hat Scholz ein Alter, verbunden mit entsprechender Lebenserfahrung, erreicht, in dem ihm sein Ruf als gewiefter und kluger Verhandler vorauseilt. Es ist ein bisschen so wie bei Fußball-Nationaltorwart Manuel Neuer, vor dem junge Stürmer allein deshalb Respekt haben, weil er eben Manuel Neuer ist. Scholz hat sich diesen Respekt hart erarbeitet, er war bereits in seiner Zeit in Hamburg körperlich spürbar. Wenn der Bürgermeister mit seinen Personenschützern einen Raum betrat, änderte sich etwas an den Machtverhältnissen, eben noch plaudernde Senatoren wurden still, andere, in der Anfangsphase insbesondere die Grünen, nickten dem Regierungschef zur Begrüßung fast ehrfurchtsvoll zu. Die Anwesenheit des Politprofis machte einen Unterschied, auch in den Senatssitzungen, die nach Angaben von Teilnehmern entspannter und diskussionsoffener verlaufen, seit Peter Tschentscher Hamburger Bürgermeister ist.

Dabei sind dieser und Scholz sich nun wirklich nicht unähnlich, in ihrer jeweils ruhigen und analytischen Art. Scholz als Jurist hat zwar qua Ausbildung andere Zugänge zu politischen Entscheidungen als der Labormediziner Tschentscher, aber beide schätzen die sachliche Auseinandersetzung, haben sich bewusst unter Kontrolle, neigen nicht zu Gefühlsausbrüchen. Wobei: Olaf Scholz kann auch anders, sowohl in die eine als auch in die andere Richtung. Als ein Pressesprecher ein Treffen einmal nicht so vorbereitet hatte, wie Scholz das voraussetzte, wies der ihn schroff und knapp zurecht. Umgekehrt neigte er als Bürgermeister in Fällen von Überschwang oder Überschätzung zu Aussagen, die so recht nicht zu seinem sonstigen Auftreten passten. Das in diesem Kapitel bereits zitierte „Wer bei mir Führung bestellt, bekommt sie auch" ist so eine Aussage, aber auch „I want my money back", als es um eine Beteiligung der Stadt Hamburg an der Traditionsreederei Hapag-Lloyd ging. Und als das G20-Treffen der Staats- und Regierungschefs in Hamburg bevorstand, ließ sich Gastgeber Scholz zu einer Reihe von Sätzen hinreißen, die ihm später richtig leidtaten – und ihn endgültig zur Überzeugung brachten, dass die vorsichtige, verklausulierte Art, wie er normalerweise spricht und sich verhält, die richtige ist. Er sagte mir dazu einmal Folgendes: „Ich bin so, wie ich bin. Man sollte sich auch nicht verstellen. Es ist der Vorteil unserer modernen Mediendemokratie, dass man jedem ununterbrochen ins Gesicht gucken kann und schon merkt, ob jemand etwas spielt oder so ist, wie er wirklich ist. Ich bin bewegt wie alle anderen und mich ärgern Sachen, klar. Allerdings glaube ich schon, dass ich in der Lage bin, einen klaren Kopf zu behalten."

Ansonsten gilt: Olaf Scholz sagt das, was er macht, und macht das, was er sagt. „Er ist ein beinharter Verhandler, aber wenn man sich mal mit ihm auf etwas geeinigt hat, kann man sich darauf verlassen", sagte Dieter Lenzen. Der Präsident der Universität Hamburg hat mit Scholz als Bürgermeister unter anderem die Finanzierung der Hochschulen ausgehandelt: „Scholz ist keiner, der leere Versprechungen macht. Bei ihm weiß man, woran man ist." Und Scholz ist keiner, der sich im Amt schont: In Hamburg hat er wichtige Termine auch mit hohem Fieber wahrgenommen und Reden gehalten, obwohl er eigentlich gar keine Stimme mehr hatte. Er hat sich Spritzen geben lassen, um Auftritte einhalten zu können, er hat sich sowieso ein Pensum auferlegt, das Politiker vom Typ eines Ole von Beust nach einem halben Jahr in den Wahnsinn getrieben hätte. Zu Beginn seiner ersten Amtszeit als Hamburger Bürgermeister nahm Scholz zwar nicht jede Einladung an, die ins Rathaus kam. Aber fast. Und wenn er irgendwo war, blieb er meist lange, nicht selten bis zum Schluss. Kaum vorstellbar, dass ihm all das zu jeder Zeit Freude gemacht hat. Aber er hat es als seine Pflicht empfunden. Und irgendwie hat es ihm Spaß gemacht, dass sich viele gefragt haben, wie er das alles schafft – eine Frage, die sich mir bis heute stellt und die viel mit einer anderen Eigenschaft zu tun hat: Olaf Scholz ist diszipliniert, seit er die Chance hatte, Kanzler zu werden, noch mehr als jemals zuvor. Aber das ist ein anderes Kapitel.

Wo andere einen Traum haben, hat Olaf Scholz einen Plan

Die schlichte Formel für den Sieg bei der Bundestagswahl

Wer Visionen hat, möge zum Arzt gehen, hat Bundeskanzler Helmut Schmidt gesagt und der Mann, der mit ihm im Winter des Jahres 2021 oft verglichen wurde, tickt ähnlich. Wo andere einen Traum haben, hat Olaf Scholz einen Plan, der sich allerdings nicht nur in konkreten Projekten und Sachpolitik erschöpft. Scholz hat eine eigene Idee für unsere Gesellschaft, die er 2017 in dem Buch „Hoffnungsland" niederschrieb, das im September 2021 plötzlich wieder auf den Verkaufstischen in Deutschlands Buchhandlungen auftauchte und dessen Titel Programm ist. Scholz will, zusammengefasst, dass jeder in Deutschland sein Glück finden und gut von seiner Arbeit leben kann, Letzteres ist für ihn auch eine Frage von Respekt vor der Leistung des Einzelnen.

Als Hamburger Bürgermeister war eine seiner ersten Amtshandlungen deshalb, den Bau von neuen Wohnungen zu beschleunigen und ihre Anzahl zu erhöhen. Statt wie zuvor 3.000 bis 4.000 Wohnungen sollten erst 6.000, später 10.000 gebaut werden, um den sich bereits 2011 abzeichnenden Anstieg von Mieten und Immobilienpreisen wenigstens bremsen zu können. Gleichzeitig galt und gilt in Hamburg, dass ein Drittel aller neu gebauten Wohnungen sozial gefördert sein soll, damit sich eben nicht nur wohlhabende Menschen das Leben in der Stadt leisten können. Scholz war es auch, der als einer der ersten Regierungschefs in Deutschland vor zehn Jahren erkannte, wie wichtig kostenlose Kitas und flächendeckende Ganztagsschulen in Deutschland werden würden, wenn die Politik es mit der Vereinbarkeit von Familie und Beruf ernst meinen sollte. Heute ist Hamburg in beiden Bereichen ein Vorbild für andere Bundesländer. Viele Familien können sich ein Leben dort überhaupt nur deshalb leisten, weil sie für die Betreuung ihrer Kinder deutlich weniger als anderswo bezahlen und beide Elternteile arbeiten können, da der Nachwuchs bis in die Abendstunden in Kita und Schule gut aufgehoben ist. Auch das ist soziale Politik, wie sie Olaf Scholz versteht.

Entscheidend ist aber etwas anderes: Er hat nach seiner Wahl als Bürgermeister tatsächlich das gemacht, was er vor der Wahl versprochen hat. Mehr Wohnungen, mehr Ganztagsschulen, weniger Beiträge für Kitas waren Scholz' Vorgaben für den Senat – und die wurden konsequent abgearbeitet. Das wird mit dem Koalitionsvertrag, den SPD, Grüne und FDP vereinbart haben, nicht anders sein. Scholz ist extrem ergebnisorientiert, er wird seine Ministerinnen und Minister daran messen, wie schnell und gut sie das umsetzen, was man sich vorgenommen hat. Das ist für ihn der Kern „ordentlichen Regierens", für das er bekannt geworden ist und das im Hamburg des Jahres 2011 wirklich ein Fortschritt war.

Nun kann man zehn Jahre später der Bundesrepublik und damit ihrer ehemaligen Kanzlerin Angela Merkel nicht vorwerfen, unordentlich regiert zu haben; auch Olaf Scholz tut das nicht. Aber einen Plan für das Land mochte man in den vergangenen Jahren bei der CDU/CSU nicht mehr zu entdecken, was unter anderem Armin Laschet zum Verhängnis geworden ist. Während man Olaf Scholz im Wahlkampf zu jeder Tages- und Nachtzeit hätte wecken können und er sofort in der Lage gewesen wäre, die Kernbotschaften seines Deutschlandplans herunterzubeten („12 Euro Mindestlohn, 400.000 neue Wohnungen jedes Jahr, Bekämpfung des menschengemachten Klimawandels" usw.), hatte Armin Laschet sogar Schwierigkeiten, drei Dinge zu nennen, die er als Bundeskanzler als Erstes machen würde. Das entsprechende Gespräch mit einer Reporterin des *Focus* offenbarte so verblüffend wie peinlich, dass sich der Spitzenkandidat der Union keine großen Gedanken gemacht hatte, was er als Nachfolger von Angela Merkel mit dem Land anfangen wollte.

Die Kollegin wollte von Laschet wissen, welche Themen er nach der Bundestagswahl für wichtig halte und was die Wählerinnen und Wähler von ihm erwarten könnten.

Laschet sagte: „Was ich sehr wichtig finde, ist, dass wir sehr schnell vorankommen bei der Digitalisierung. Wir brauchen ein Digitalisierungsministerium, das müssen wir gründen, und dann müssen wir beginnen, die Verwaltung schnell umzustellen. Das ist das Erste und Wichtigste, was man machen muss. Und das Zweite wird sein, klarzumachen, wie wir es hinkriegen, ein Industrieland zu bleiben und die Klimaziele zu erreichen. Das geht, indem wir Bürokratie abbauen, Vorschriften wegnehmen, und da brauchen wir sehr schnell ein Planungsgesetz, das Paragrafen wegnimmt und beschleunigt. Das sind so vielleicht die wichtigsten beiden Dinge."

Die Reporterin fragte nach: „Eine dritte Sache?"

Laschet schien überrascht, dachte lange nach, sagte erst einmal gar nichts und dann: „Joah, was machen wir noch? Wir werden noch rechtzeitig ein Hundert-Punkte-, äh, Hundert-Tage-Programm vorstellen. Aber das ist ja jetzt eine spontane Frage und da weiß ich, das muss unbedingt passieren."

Ein Kanzlerkandidat wird gebeten, insgesamt drei Dinge zu nennen, die er im Falle einer Wahl sofort angehen würde, und ihm fallen nur zwei ein ... Scholz und die SPD hatten einen Plan, Laschet und die CDU/CSU nicht: Auf diese schlichte Formel lässt sich bringen, warum die einen die Bundestagswahl gewonnen und die anderen sie verloren haben. Die SPD profitierte dabei allerdings von den Erfahrungen des Jahres 2017, als ihr Kandidat Martin Schulz nach einem kurzen Höhenflug gescheitert war wie nie zuvor ein SPD-Politiker, der Kanzler werden wollte. Danach ließen die Sozialdemokraten von Experten analysieren, welche Fehler sie im Wahlkampf gemacht hatten. Die Liste war lang, aber zwei ragten heraus. Zum einen wurde kritisiert, dass die SPD ihren Kanzlerkandidaten viel zu spät benannt habe, nämlich erst acht Monate vor der Bundestagswahl. Zum anderen habe sie keine klare Kampagne gehabt, keinen Plan für einen Erfolg, der mit dem Parteiprogramm zusammenpasste und hinter dem sich alle konsequent hätten versammeln können.

Die SPD hat diese Fehler nicht noch einmal gemacht. Sie nominierte als erste Partei ihren Kanzlerkandidaten, nämlich Olaf Scholz, und wurde dafür von den anderen, gerade von der CDU/CSU, belächelt, Motto: Viel zu früh. Und sie legte sich rechtzeitig auf eine Strategie fest, auf die wichtigsten Aussagen und Botschaften und darauf, von wem diese transportiert werden sollten. Weil das alles wunderbar in den Plan passte, den Olaf Scholz für sich selbst (und für das Land) seit 2018 verfolgte, war niemand auf die Wahl so gut vorbereitet wie die SPD. Das zahlte sich aus, während die CDU/CSU exakt die Fehler beging, die der Sozialdemokratie vier Jahre zuvor attestiert worden waren. Als Scholz das erkannte, wurde er immer sicherer in seiner Einschätzung, dass er am 26. September tatsächlich als Sieger dastehen könnte. Ein Selbstbewusstsein, das sich mit jedem weiteren positiven Umfrageergebnis für die SPD auf den Rest der Partei übertrug und selbst sonstige Kritiker Scholz' ruhig bleiben ließ.

Die SPD war auch deshalb ungewohnt geschlossen, weil es diesen großen, klaren Plan gab. Die Union war auch deshalb ungewohnt zerrissen, weil man mit der langen Suche nach einem Kanzlerkandidaten und CDU-Vorsitzenden viel Zeit verspielte, die am Ende für die Kampagne fehlte. Wie sehr, zeigte sich am sichtbarsten auf den Plakaten, die aussahen, als seien sie von einem Wahlkampf aus den Nuller-Jahren dieses Jahrzehnts übriggeblieben, und im übertragenen Sinne stimmt das auch. Die Union und Armin Laschet hatten inhaltlich und strategisch 2021 nicht mehr zu bieten als in den Jahren zuvor mit Angela Merkel. Aber die war auf einmal nicht mehr da …

Scholz hatte dagegen, wenn man es zusammenrechnet, gleich drei Pläne: einen für das Land, einen für die Partei und einen für sich. Der für das Land wird im Laufe seiner Amtszeit umgesetzt werden, das kann Olaf Scholz sehr ordentlich. Bleibt die Frage, ob da noch mehr geht. Ob ein Mann, der einerseits angetreten ist, um das Land zu erneuern, andererseits aber in seiner Person Kontinuität und Verlässlichkeit verspricht („Ich bin der neue Merkel"), sich am Ende mit einer soliden Regierungstätigkeit begnügt. Um die Frage zu beantworten, hilft einmal mehr der Blick zurück in seine Zeit als Hamburger Bürgermeister, in der Scholz im Verlauf der Jahre den Ehrgeiz entwickelte, Geschichte zu schreiben und Träume zu verwirklichen. Hamburg litt lange unter dem von Helmut Schmidt verfassten Urteil, eine „schlafende Schöne" zu sein. Die mangelnde internationale Bekanntheit der zweitgrößten deutschen Stadt im wichtigsten Land Europas passte so gar nicht zum Selbstverständnis ihrer Bürgerinnen und Bürger. Und am Ende auch nicht zu jenem von Olaf Scholz, der wie wenige andere Bürgermeister ehrgeizige Projekte vorantrieb, die das Image der Stadt maßgeblich verändern und die Blicke der Welt endlich in Richtung Norden lenken sollten. Scholz war es, der das Chaos um Planung und Bau der Elbphilharmonie beendete und mit seinem Verhandlungsgeschick dafür sorgte, dass wenigstens in der Schlussphase die Kosten sich so entwickelten, wie sie geplant waren. Scholz war es, der sich mit Hamburg um die Olympischen Sommerspiele bewerben wollte, der dem Wunsch der Kanzlerin zustimmte, Austragungsort von G20 zu sein. Und Scholz hinterließ, quasi als seinen Nachlass, den Plan, an der Elbe Hamburgs ersten Wolkenkratzer zu bauen, den Elbtower, hinter dem der österreichische Immobilienunternehmer René Benko steckt. Die Landespressekonferenz, bei der das Projekt vorgestellt wurde, war die letzte, an der Olaf Scholz in seiner Funktion als Hamburger Bürgermeister teilnahm. Dass er sich diese Gelegenheit nicht nehmen ließ, dass er dafür sogar ausnahmsweise in den Kaisersaal des Rathauses ging, zeigt, dass Scholz vielleicht per se kein Visionär ist, sich aber von Visionen, anders als Helmut Schmidt, durchaus verführen lassen kann. Damals, am 8. Februar 2018, sagte er über den Elbtower, der 235 Meter hoch werden soll: „Dieser Turm passt in seiner klassischen Haltung zu Hamburg, er ist nicht extravagant, sondern elegant und zugleich raffiniert", und es klang, als würde Scholz auch über sich reden. Fest steht, dass das Gebäude so etwas wie der Schlusspunkt seiner Hamburger Zeit sein sollte. Ein Vermächtnis mit Aussagekraft: Wenn die Stadt Hamburg unter einem Bürgermeister, der für seinen nüchternen Pragmatismus und hanseatisches Understatement bekannt geworden ist und bekannt sein will, ein gigantisches Bauwerk plant, nachdem man vis-à-vis gerade die Elbphilharmonie eröffnet hat, kann man sich vorstellen, was in Deutschland unter einem Kanzler Scholz möglich sein könnte.

Niederlagen?
Werden einfach ignoriert

Warum Olaf Scholz ein Meister des Comebacks ist

Helmut Kohl war 52 Jahre alt, als er zum ersten Mal Bundeskanzler wurde, Gerhard Schröder 54, Angela Merkel sogar nur 51. Olaf Scholz ist 63, er ist am 14. Juni 1958 geboren. Wenn 2025 der nächste Bundestag gewählt wird, wird er 67 sein, also bereits im Rentenalter. Der Weg ins Kanzleramt war lang, am Ende ist gar nicht mehr so viel Lebensarbeitszeit übrig, und er war holprig.

Das Auf und Ab seiner Biografie ist beinahe so beeindruckend wie sein Erfolg bei der Bundestagswahl, er war öfter ganz weit oben, aber manchmal eben auch ganz weg, von jetzt auf gleich, wie man in Hamburg sagt. Man braucht ein stabiles Selbstbewusstsein und eine große Ausdauer, um Karriererückschläge, wie Scholz sie erlebt hat, wegzustecken, weder aufzugeben noch, auch dafür hätte es in seiner Laufbahn mehr als einen Anlass gegeben, zurückzutreten.

Ich habe aufgehört zu zählen, wie oft Journalistenkollegen geschrieben haben, dass Olaf Scholz ein Meister des Comebacks sei. Aber es stimmt. Auch ich habe mehrfach gedacht: Das war es, davon erholt er sich nicht, da kommt er nicht wieder raus, zuletzt, als Scholz zusammen mit Klara Geywitz das Duell um den SPD-Vorsitz gegen Saskia Esken und Norbert Walter-Borjans verlor. Zum ersten Mal konnte man ihm, dem Inbegriff des Pokerfaces, dem Mann, dem Fotografen schon einmal ins Gesicht greifen, um eine Regung zu erzeugen, die Enttäuschung ansehen, auch wenn er sich, wie immer, als guter Verlierer präsentierte, artig gratulierte und seine Bereitschaft erklärte, sich weiter in den Dienst der Partei zu stellen. Vor der Entscheidung hatte ich ihn gefragt, ob er, wie man heute so sagt, mit seiner Bewerbung um den Parteivorsitz nicht „All-in" gehe. Er sagte: „Wer sich einer Wahl stellt, geht immer ein Risiko ein, dessen bin ich mir voll bewusst. Trotzdem finde ich es richtig, es zu tun. Wir leben in einer Demokratie, was ziemlich klasse ist. Dazu gehört für diejenigen, die sich Wahlen stellen, dass das Leben nicht planbar ist. Also: Lassen Sie uns das Fest der Demokratie genießen und schauen, was geht. Ich habe sehr oft Risiken akzeptiert. Es ist überwiegend gut gegangen. Deshalb bin ich in dieser Frage ganz entspannt."

Das war Scholz zu diesem Zeitpunkt vielleicht wirklich, die Regionalkonferenzen liefen gerade, auf denen sich mehrere Kandidatenpaare den Mitgliedern vorstellten. Es zeichnete sich ab, dass er zusammen mit Klara Geywitz zu den Favoriten gehören könnte, obwohl er als Bundesfinanzminister für die bei vielen Genossen verhasste Große Koalition stand. Scholz hatte lange gezögert, sich um den Parteivorsitz zu bewerben, seine öffentliche Absage bei *Anne Will* ist legendär. Dass es anders gekommen ist, dass er seinen Ich-werde-Kanzler-Plan in diesem Punkt entscheidend verändert hat, lag an seinem Berater Wolfgang Schmidt. Der Spindoktor redete so lange auf „den Olaf" ein, bis der sich ein Wochenende Bedenkzeit erbat und dann sagte: „Ich mach's."

Fast wäre es gut gegangen. Aus dem ersten Wahlgang gingen Scholz/Geywitz als Sieger hervor, Umfragen suggerierten, dass das auch so bleiben würde, wenn es zur Stichwahl mit Esken/Walter-Borjans kommen würde. Kurz davor traf ich Olaf Scholz und seine Entourage bei einem Fest in Berlin-Mitte und erlebte einen anderen Mann. Der Vizekanzler war aufgekratzt, fröhlich, wenn ich mich recht erinnere, hat er Journalisten sogar in den

Arm genommen (nicht *auf* den Arm, wie sonst). Zu diesem Zeit-punkt schien für ihn, um ein Zitat des Grünen-Co-Chefs Robert Habeck zu verwenden, „der Keks gegessen", Scholz ging davon aus, dass er der nächste SPD-Vorsitzende werden würde. Ein Amt, das in seinen Plänen zuvor schwerer erreichbar schien als das des Bundeskanzlers, weil die eigenen Parteimitglieder ihn deutlich weniger schätzten als die Bürgerinnen und Bürger des Landes.

Es wäre aus seiner Sicht zu schön gewesen, weil sich Scholz dann überhaupt keine Gedanken mehr hätte machen müssen, wie er Kanzlerkandidat der SPD wird. Als Parteivorsitzender hätte er das alleinige Vorschlagsrecht gehabt. Es kam anders, für Scholz überraschend, für seinen Gegenspieler Kevin Kühnert wie geplant. Esken und Walter-Borjans durften sich auf der Bühne des Willy-Brandt-Hauses in Berlin feiern lassen, Scholz stand bedröppelt daneben wie dereinst Angela Merkel neben Horst Seehofer beim CSU-Parteitag. Und ich war mir, zusammen mit vielen anderen Journalisten, sicher: Das war es. Aus Olaf Scholz wird in dieser SPD nichts mehr, normalerweise müsste er nach diesem Rückschlag, nach dieser Demütigung durch seine Partei vom Amt des Finanzministers und Vizekanzlers zurücktreten.

Doch was ist schon normal bei Scholz? Er machte: nichts. Schüttelte sich einmal, tat so, als hätte es die parteiinterne Abstimmung nicht gegeben und als hätte die auch nichts mit seiner Rolle im Kabinett Merkel zu tun. Scholz nahm seine Aktentasche, ging ins Bundesfinanzministerium und zurück an die Arbeit. War was? Er habe zu keinem Zeitpunkt signalisiert, dass er aufgeben wolle, haben Scholz-Vertraute hinterher erzählt, so sei er nun einmal. Niederlagen mögen Olaf Scholz für einen Moment irritieren, in diesem Fall, weil er sich natürlich für den besseren Parteivorsitzenden gehalten hatte, sie bringen ihn aber nicht von seinem Weg ab. Kommt hinzu, dass in seinem ursprünglichen Plan, ins Kanzleramt zu gelangen, der SPD-

Parteivorsitz keine Rolle gespielt hatte. Scholz war davon ausgegangen, dass seine Parteifreundin Andrea Nahles, mit der er sich ausgezeichnet verstand, bis 2021 Vorsitzende bliebe. Beide hatten ausgemacht, dass er dann als Kanzlerkandidat antreten würde. Es ist völlig anders gelaufen, das Ergebnis ist aber das gleiche. Und Scholz wurde nicht nur Kandidat, sondern Kanzler. Jetzt braucht er den Parteivorsitz nicht mehr, jetzt braucht die SPD ihn mehr als er sie.

Trotzdem muss man hart im Nehmen und hart zu sich selbst sein, wenn man Rückschläge derart ignoriert. Dass Scholz das kann, dass er immer nur nach vorn und selten zurückblickt, ganz gleich, was passiert ist, mag eine besondere Fähigkeit sein. Sie hat aber in der Vergangenheit auch dazu geführt, dass das Bild von einem emotionslosen Politiker entstanden ist. Scholz glaubt, dass Gefühle in der Politik nichts zu suchen haben, schon gar nicht, wenn man Chef einer Landes- und Bundesregierung ist, und noch weniger in eigener Sache. Wozu das führt, hat man bei der am Ende an einem Volksentscheid gescheiterten Olympiabewerbung Hamburgs gesehen.

Die war 2015 das größte Projekt in der ersten Legislaturperiode von Olaf Scholz und lange sah alles so aus, als würde sich Hamburg tatsächlich um die Sommerspiele 2024 bewerben. Die Stadt glaubte, ein einmaliges Konzept zu haben, Olympia in der City, mit kurzen Wegen, die Animationen der Sportstätten an der Elbe waren spektakulär. Erste Umfragen sahen große Teile der Bevölkerung hinter der Idee, Politik, Wirtschaft und Medien standen dort sowieso nahezu geschlossen. Es schien, als habe das ansonsten sehr kleinteilige Hamburg eine gemeinsame Aufgabe gefunden, etwas, das die Stadt endlich weltweit bekannter machen könnte. Als man sich in der bundesweiten Vorentscheidung gegen den ewigen und meist überlegenen Rivalen Berlin durchgesetzt hatte, war es um Hamburgs Entscheider, auch um den Ersten Bürgermeister, geschehen. Sie feierten, als hätten sie den Zuschlag des Internationalen Olympischen Komitees erhalten, und übersahen dabei, wie sich die Stimmung in der Bevölkerung langsam drehte, getrieben durch Korruptionsskandale im Sport, die Terroranschläge von Paris, die Flüchtlingskrise und die fehlende Zusage aus Berlin, mit wie viel Geld sich die Bundesregierung an der Hamburger Olympia-Kampagne beteiligen werde. Es kam, was keiner der Entscheider hatte kommen sehen: Im Volksentscheid lagen die Gegner mit 51,6 zu 48,4 Prozent vorn. Für all die Menschen, die monatelang für den Traum von Olympia in ihrer Heimatstadt gekämpft hatten, brach eine Welt zusammen. Frederik und Gerrit Braun, die Gründer des Miniatur Wunderlandes, die so etwas wie Hamburgs wichtigste Olympia-Botschafter waren, darf man bis heute nicht auf den 29. November 2015 ansprechen. „Das war für uns alle ein sehr, sehr trauriger Moment", sagt Frederik Braun.

Und Olaf Scholz? Der ging zur Tagesordnung über, als wäre nicht gerade ein Jahrhundertprojekt zerstoben, sondern als hätte sich überraschend der Wetterbericht verändert. Ohne sichtbare Regung nahm er das Ergebnis hin, ohne ein Zeichen von Traurigkeit oder Selbstkritik. Sein Statement dauerte ganze 1:21 Minuten, es sagt viel über Scholz' Art, mit Niederlagen umzugehen und sich dem nächsten Thema zu widmen: „Es gibt eine klare Entscheidung. Eine knappe Mehrheit zwar, aber eine Mehrheit der Hamburgerinnen und Hamburger hat sich festgelegt, dass wir uns nicht 2024 für Olympische Sommerspiele und Paralympische Sommerspiele bewerben wollen. Es macht wenig Sinn, lange nach Ursachen zu suchen. Letztendlich gibt es sehr viele unterschiedliche Motive der Bürgerinnen und Bürger, die sich entscheiden, und diese Entscheidung verdient immer allen Respekt. [...] Es ist gut, dass wir sehr früh dieses Referendum hatten, neun Jahre hätten vor uns gestanden und in der ganzen Zeit hätten wir immer die Zustimmung der Bürgerinnen und Bürger gebraucht. Die haben wir am Anfang abgefragt, mit dem bekannten Ergebnis. Ich bin sicher, dass wir ein mutiges Volk sind in Deutschland, das wir uns auch große Sachen zutrauen. Klar ist auch, dass es in der Vergangenheit eine Reihe größerer Infrastrukturprojekte gegeben hat, die den Kostenrahmen nicht eingehalten haben. Gerade deshalb haben wir uns diesmal darum bemüht, sehr klare und darum höhere Zahlen zu sagen, damit nicht hinterher jemand kommt und sagt: Das war doch am Anfang ganz anders erzählt. Trotzdem ist es richtig, hier auf Transparenz zu setzen. Das Abstimmungsergebnis muss und kann man akzeptieren.“

Kleine Ironie der Geschichte: Wenn Hamburg sich um die Olympischen Sommerspiele beworben und den Zuschlag für 2024 bekommen hätte, dann würde jetzt welcher Kanzler bei der Eröffnungsfeier eine Hauptrolle spielen? Richtig: Olaf Scholz.

Sie nannten ihn „Scholzomat"

Warum Scholz so spricht, wie er spricht

Markus Lanz hat 2021 den Deutschen Fernsehpreis für die beste Information erhalten, er ist innerhalb weniger Jahre vom Moderator einer Unterhaltungssendung zum bei Politikerinnen und Politikern am meisten gefürchteten Fragesteller nach Marietta Slomka aus dem *heute journal* geworden. Lanz war es, der in einer seiner Sendungen Ende März 2021 den CDU/CSU-Kanzlerkandidaten Armin Laschet in einer Art und Weise interviewte, dass hinterher Medien schrieben, er habe ihn live im TV „zerstört". Ein Eindruck, den Lanz so nicht stehen lassen wollte. Er sagte: „Unsere Wahrnehmung des Gesprächs war eine andere. Was man an dem Abend gesehen hat, war ein Politiker, der verletzlich ist, ich mochte das." Und weiter: „Das ist mir ehrlich gesagt lieber als Olaf Scholz, der auf Fragen entweder nicht oder dreimal anders antwortet." Allerdings musste der preisgekrönte Journalist auch zugeben, dass er sich am Kanzlerkandidaten der SPD „die Zähne ausgebissen hat", dass der sein unangenehmster Interviewpartner gewesen sei. Scholz habe die seltene Gabe, sich immer unter Kontrolle zu haben, es wirke so, als habe er einen „zweiten Hirnstrom", der alles, was der erste mache, überwache. Da hilft es, anders als bei anderen Politikern, auch nicht, dass Markus Lanz in den vergangenen Jahren in seiner Fragetechnik noch radikaler geworden ist: „Ich stelle bei mir schon eine zunehmende Ungeduld fest, wenn auf meine Fragen mit Floskeln geantwortet wird. Ich versuche Menschen, die sehr geübt darin sind, Antworten zu geben, aus dem Tritt zu bringen." Bei Olaf Scholz ist er damit gescheitert. Und in guter Gesellschaft.

Wie es aussieht, wenn Olaf Scholz auf eine Frage entweder gar nicht oder dreimal anders antwortet, hat ein anderer ausgezeichneter Fernsehmacher kurz vor der Bundestagswahl dokumentiert. Stephan Lamby hat für seinen Film „Wege zur Macht" die Spitzenkandidaten der Parteien über Monate begleitet, dabei natürlich auch Scholz getroffen. Die Szene, um die es jetzt gehen soll, ist keine spektakuläre und Lamby zeigte sie auch nicht, um etwas über den Wahlkampf oder die Strategie der SPD, sondern um etwas über das Interviewverhalten von Olaf Scholz auszusagen. Bevor der TV-Mann dem Politiker eine wirklich einfache Frage stellt, wurde in dem Film über einen umstrittenen Werbespot der SPD berichtet, in dem CDU-Größen wie Armin Laschet, Jens Spahn und Friedrich Merz in einen Zusammenhang mit dem nach rechts außen gerutschten Hans-Georg Maaßen gebracht und ansonsten ziemlich frontal angegangen werden. Der Spot war offensichtlich misslungen, was die SPD um Wahlkampfmanager und Generalsekretär Lars Klingbeil schnell einsah, und ihn deshalb aus dem Verkehr zog. Es blieb die Frage, ob Olaf Scholz den Spot gekannt hatte, man kann sie leicht und schnell mit Ja oder Nein beantworten. Wenn man nicht Scholz heißt. Dessen Dialog mit Stephan Lamby wurde im Film „stark verkürzt" wiedergegeben und liest sich so:

Lamby: „Kannten Sie diesen Spot?"

Scholz: „Der Kampagnenleiter hat mir berichtet, dass er nicht ausgesendet wird und dass er genau einmal gezeigt worden ist."

Lamby: „Und warum?"

Scholz: „Es ist so, dass sich die Kampagne auf die Dinge konzentriert, die für die Zukunft unseres Landes wichtig sind. Und deshalb geht es mir um die Plakate und um die Botschaften, die wir damit verbinden, und das, was wir da vorgebracht haben."

Lamby: „Herr Scholz, es tut mir leid, aber ich muss da beharren. Es gibt doch einen Grund, warum dieser Spot jetzt nicht mehr gezeigt wird. Deshalb eine ganz einfache Frage: Warum?"

Scholz: „Wir brauchen eine klare Debatte, zum Beispiel über die Frage, dass es nicht in Ordnung ist für den Zusammenhalt unserer Gesellschaft und für die Frage, wie wir unsere Zukunft finanzieren ..."

Lamby: „Nur damit ich es verstehe: Kannten Sie den Spot?"

Scholz: „Die Maßnahmen, die ich gebilligt habe, sind die, über die wir hier miteinander gesprochen haben und die ich auch richtig finde. Das sind die Plakate, über die wir hier reden, und manches, das noch keiner kennt und das demnächst kommt."

Um zu verstehen, warum Olaf Scholz in einer solchen und vergleichbaren Situationen antwortet, wie es eben exemplarisch zu lesen war, gibt es zwei Möglichkeiten. Man fragt ihn selbst oder man sieht sich seine rhetorische Sozialisation als Politiker an. Beginnen wir mit Letzterem und der Phase, der Scholz seinen wenig schmeichelhaften Spitznamen „Scholzomat" verdankt, den ihm übrigens Journalistenkollegen verpasst haben. Es war die Zeit, in der Scholz Generalsekretär der SPD unter Kanzler Gerhard Schröder war. Generalsekretäre waren und sind die Gesichter der Parteien, die zu jeder Zeit und zu jedem Thema etwas sagen können müssen, insbesondere dann, wenn es den Parteivorsitzenden, Ministern oder Regierungschefs zu heikel wird. Wer Generalsekretär wird, lernt schnell, möglichst unkonkret zu formulieren und Worte wie „Ja" oder „Nein" aus seinem Wortschatz zu streichen. Scholz brachte es in dieser Disziplin und in der ersten Phase seiner rhetorischen Sozialisation zu einer Meisterschaft, auf die er damals sogar stolz war. Man hätte ihn fragen können, welcher Tag heute ist, und er hätte sinngemäß geantwortet: „Die Woche besteht aus insgesamt sieben Tagen, von denen jeder einen eigenen Charakter und eine besondere Funktion hat, aus denen sich in der Gesamtschau eine Woche ergibt, die unterschiedliche Schwerpunkte und Herausforderungen mit sich bringt."

War die Art zu sprechen als Generalsekretär noch sehr davon geprägt, niemals in den Verdacht zu kommen, sich illoyal gegenüber der Parteiführung – und damit gegenüber dem Kanzler! – zu äußern, entwickelte Scholz in den Jahren danach so etwas wie eine Freude daran, auf Fragen von Journalisten völlig anders zu reagieren, als diese es erwarteten. In der zweiten Phase seiner rhetorischen Sozialisation neigte er dazu, auch lange Fragen nur mit einem, zwei oder drei Worten zu beantworten. Daraus ergaben sich skurrile Interviewszenen, etwa, als meine Kollegen Frank Ilse und Egbert Nießler vom *Hamburger Abendblatt* bei einem gut vorbereiteten Interview mit Olaf Scholz nach 16 (!) Minuten feststellten, dass von den vielen Fragen, die sie sich überlegt hatten, keine einzige mehr übrig war.

Scholz' Strategie hinter den kurzen Antworten war klar: Die veröffentlichten Interviews sahen allein schon von der Länge dessen, was die Journalisten sagten und was Scholz sagte, so aus, als würden sie sich an diesem Politiker die Zähne ausbeißen. Was, man muss da so ehrlich sein, in vielen Fällen stimmte und Scholz nicht viele Freunde in den Medien bescherte.

Das änderte sich auch in Phase drei nicht. In der ging Scholz zwar dazu über, wieder ausführlicher zu antworten. Doch das, was er sagte, passte immer häufiger überhaupt nicht zu den Fragen, die ihm gestellt wurden. In seiner Zeit als Bürgermeister hatten wir Hamburger Journalisten uns irgendwann daran gewöhnt und machten uns einen Spaß daraus, ihm eine bestimmte Frage in einem Interview immer und immer wieder zu stellen. Die Leserinnen und Leser sollten wenigstens merken, dass wir uns bemühten, eine Antwort zu erhalten, die irgendwie zu dem passte, was wir eigentlich hatten erfahren wollen.

Als Scholz nach Berlin wechselte, um dort Vizekanzler und Bundesfinanzminister zu werden, passierten zwei lustige Dinge. Nummer eins: Nachdem meine Kollegen aus der Hamburger Landespolitikredaktion das erste Interview mit dem neuen

Bürgermeister Peter Tschentscher geführt hatten, kamen sie freudestrahlend zurück und sagten: „Ihr glaubt es nicht: Er hat auf unsere Fragen gewortet." Nummer zwei: Nachdem meine Kollegen aus der Berliner Redaktion das erste Interview mit Scholz geführt hatten, riefen sie mich ziemlich konsterniert an. O-Ton: „Sag mal, der Scholz antwortet überhaupt nicht auf die Fragen, die man ihm stellt." Ach nee.

Als Kanzlerkandidat kam Scholz in Phase vier seiner rhetorischen Sozialisation an, in der sich Elemente aus den ersten drei Phasen mischten und er (endlich) das machte, was ihm aus seinem Umfeld seit Jahren geraten wurde. Er gab sich etwas offener, zugänglicher, menschlicher, versuchte sich auch mal an einem Witz, stand nicht mehr ganz so steif da wie früher. Was blieb, ist eine Eigenart, die man inzwischen von sehr vielen Politikerinnen und Politikern kennt und die Journalisten wie Publikum nervt: Fragen werden in der Regel nicht direkt beantwortet und sei es, um beim Fragesteller nicht den Eindruck entstehen zu lassen, er könne bestimmen, worüber gesprochen werden soll.

Ich habe Olaf Scholz einmal in einem Podcast, also in einer Situation, die er hinterher nicht durch eine Autorisierung glätten oder verändern konnte, gefragt, warum er auf Fragen so antwortet, wie er antwortet. Er sagte: „Ich versuche, eine geordnete Antwort zu geben, sagen wir es mal so. Jeden Satz, den man als Politiker sagt, muss man so sagen, dass ihn jeder versteht, auch wenn er nicht dabei gewesen ist. Man kann nicht darauf setzen, dass der Rahmen, in dem ein Satz gefallen ist, immer miterzählt wird. Im Übrigen ist es ja so, dass manchmal Dinge im Fluss sind. Dann muss man es aushalten, dass der Prozess des Klügerwerdens und des Beratens noch nicht abgeschlossen ist und man das Ergebnis noch nicht verkünden kann."

Das also ist der Kern: Scholz will verhindern, dass sich Zitate von ihm verselbstständigen, dass sie zu leicht aus dem Zusammenhang gerissen werden und am Ende gegen ihn verwendet werden können. Sein Vergleich des G20-Treffens in Hamburg (das am Ende komplett aus den Fugen geriet) mit dem Hafengeburtstag, den die Stadt auch jedes Jahr geregelt bekomme, war so ein Satz. Scholz hatte ihn nämlich eigentlich nur auf die Verkehrssituation bezogen, nicht auf G20 und mögliche Ausschreitungen und Auseinandersetzungen. Aber das interessiert bis heute niemanden.

Kleine Notiz am Rande, weil oben von der Autorisierung von Interviews die Rede war, die in Deutschland anders als in den USA und Großbritannien üblich ist: Während man als deutscher Journalist mit dem amerikanischen Präsidenten sprechen kann und der darauf vertraut, dass man mit dem, was er gesagt hat, behutsam und wahrheitsgetreu umgeht, gibt es hierzulande Interviews, die man nach der Autorisierung durch Pressesprecher und Politiker nicht wiedererkennt. Scholz hatte auch hierbei eine Eigenart. Er achtete nicht nur ganz genau darauf, was er gesagt hatte und wie es schriftlich wiedergegeben wurde, ihm war auch wichtig, dass sich jedes seiner Interviews so las, wie er sich anhörte. Der Scholz-Sound musste stimmen und dafür sorgte er höchstpersönlich.

Zu den Besonderheiten in der politischen Karriere des heutigen Kanzlers gehörte auch, dass er lange Zeit nicht in Talkshows wie *Anne Will* oder *Maybritt Illner* ging. Und als er notgedrungen damit begann, um Werbung in eigener Sache zu machen, legte er sich eine eiserne Regel auf. Er antwortete nur, wenn er gefragt wurde, er mischte sich von selbst nicht in Diskussionen ein, fiel auch anderen Teilnehmern nicht ins Wort. Und hatte deshalb, wenn er Pech hatte und die Moderatorinnen ihn nur selten etwas fragten, einen geringen Redeanteil. Dass er von Talkshows bis heute wenig hält, hat folgenden Grund: „Was viele Bürgerinnen und Bürger bewegt, ist das Gefühl, dass sie in Talkshows Reden hören und sich immer weniger sicher sind, ob diejenigen, die da reden, hinterher auch etwas dafür tun, wenn sie sich aus den Sesseln erhoben haben. Für mich war das große Glück in Hamburg, dass das, was ich vorgeschlagen habe, auch was geworden ist.“

Kommt hinzu, dass er gerade in den größeren Runden, zuletzt bei den TV-Triellen, immer wieder jene Frage gestellt bekam, die er wie wenige andere hasst: „Können Sie ausschließen ...' ist einer der von mir am wenigsten geliebten Sätze des deutschen Journalismus, weil man in Wahrheit in ganz vielen Fällen überhaupt nicht ausschließen kann, dass es so oder so läuft. Aber trotzdem kann man ernsthaft der Meinung sein, dass es eine bestimmte Richtung gibt, die die Sache nehmen soll. Wenn wir uns nicht für größenwahnsinnig halten, wissen wir auch, dass wir nicht alles allein bestimmen können." Es wäre interessant gewesen, wenn deutsche Journalisten im Sommer gefragt worden wären, ob sie ausschließen würden, dass Olaf Scholz bei der Bundestagswahl die Chance haben könnte, der nächste Kanzler zu werden. Ich schätze, neun von zehn der Kolleginnen und Kollegen hätten es ausgeschlossen.

Ich persönlich habe es für ausgeschlossen gehalten, ein Interview zu finden, in dem alle Facetten der Scholz'schen Rhetorik sichtbar werden. Also das Herumtänzeln um beziehungsweise das Ignorieren von Fragen, die kurzen Antworten, die jeden Dialog ersticken, ironisch-zynische Zwischenbemerkungen und eben der Scholz-Sound, auf den er lange so stolz war. Am Ende habe ich doch ein Gespräch gefunden, das all das enthält. Wie es der Zufall will, habe ich es selbst zusammen mit meinem Kollegen Stephan Steinlein geführt. Es war das letzte Interview, das Olaf Scholz in seiner Funktion als Hamburger Bürgermeister dem *Hamburger Abendblatt* gegeben hat. Ich habe es als sehr mühsam in Erinnerung, mit einem Gesprächspartner, der uns Journalisten einmal mehr spüren ließ, wie gewieft und raffiniert er sein kann. Als es vorbei war, war ich froh, dass es vorbei war. Heute bin ich froh, dass ich es wiedergefunden habe, weil es einen nahezu kompletten Überblick darüber gibt, wie Scholz spricht.

Zum Hintergrund: Kurz vor dem Interview war überraschend nicht der favorisierte SPD-Fraktionschef Andreas Dressel beziehungsweise Sozialsenatorin Melanie Leonhard, sondern Finanzsenator Peter Tschentscher als Scholz' Nachfolger für den Posten des Bürgermeisters auserkoren worden, was in Hamburg für viele Diskussionen sorgte. Genauso wie die Rolle, die der alte Bürgermeister nun in Berlin spielen wollte. Aber lesen Sie selbst:

Hamburger Abendblatt: Mit einer Ihrer letzten Entscheidungen haben Sie die Hamburger noch einmal sehr überrascht. Wann war Ihnen klar, dass Peter Tschentscher der ideale Nachfolger für Sie als Bürgermeister ist?

Olaf Scholz: Mir ist immer klar gewesen, dass Peter Tschentscher ein sehr guter Senator mit hohem Ansehen ist und das Zeug dazu hat, ein sehr guter Bürgermeister zu werden.

Wenn man in einer Position ist, wie Sie es in den vergangenen sieben Jahren als Bürgermeister waren, muss man sich ständig darüber Gedanken machen, wer im Fall eines Falles der eigene Nachfolger werden könnte. War das immer Peter Tschentscher?

Ich bin immer froh darüber gewesen, dass der Hamburger Senat über eine Reihe von Frauen und Männern verfügt, denen man das Amt des Bürgermeisters ohne Einschränkung anvertrauen könnte. Peter Tschentscher ist einer von ihnen.

[…]

Also stimmt es nicht, dass Melanie Leonhard und Andreas Dressel zunächst erklärt haben, dass sie nicht Bürgermeister werden wollen, und erst dann alle Blicke auf Peter Tschentscher gingen?

Nein, so einfach ist die Welt nicht. Alle haben sich miteinander unterhalten und am Ende gemeinsam eine gute Entscheidung getroffen. Ich bin mir sicher, dass der Hamburger Senat auch nach meinem Abschied ein sehr gutes Team sein wird.

[…]

Trotzdem müssen Sie damit leben, dass Tschentscher nicht als Kandidat der ersten Wahl wahrgenommen wird, das Handelsblatt *nennt ihn einen Verlegenheitskandidaten.*

Das ist ziemlicher Unsinn. Peter Tschentscher ist ein hoch angesehener Senator, der seit sieben Jahren Großartiges geleistet hat, zuletzt bei der Planung des aktuellen Doppelhaushaltes und dem Aufräumen der üblen Hinterlassenschaft der CDU-Vorgänger bei der HSH Nordbank.

[…]

Stimmt es denn wenigstens, dass Sie sich persönlich sehr gefreut hätten, wenn zum ersten Mal eine Frau Bürgermeisterin geworden wäre?

Ich freue mich immer, wenn Frauen in Spitzenämter kommen. Eines Tages wird auch Hamburg von einer Bürgermeisterin geführt werden. Viele haben Melanie Leonhard diese Aufgabe jetzt schon zugetraut, das ist doch toll. Jede und jeder muss aber für sich selbst abwägen, ob es gerade in die jeweilige Lebenssituation passt.

Heißt: Hätte Melanie Leonhard Bürgermeisterin werden wollen, wäre sie es geworden.

Noch einmal: Wir haben alle gemeinsam erörtert, was die beste Lösung ist.

Sowohl Melanie Leonhard als auch Andreas Dressel haben aus familiären Gründen für Ihre Nachfolge abgesagt. Kann man nicht Bürgermeister sein und kleine Kinder haben?

1950 wäre es ohne Weiteres gegangen, zumindest für die Männer.

Und heute?

Ich finde es eine großartige Entwicklung, dass Frauen wie Männer die Entwicklung ihrer Kinder begleiten und nicht nur ab und zu zu Hause vorbeischauen wollen, um zu sehen, ob die Kinder schon eingeschlafen sind. Da hat sich in unserer Gesellschaft viel zum Positiven verändert. Und ich finde besonders gut, dass das nicht nur für Frauen gilt, sondern auch für Männer.

Ist es klug, jemanden als seinen Nachfolger auszuwählen, der einem sehr ähnlich ist? Böse Kritiker sprechen schon von einer Scholz-Kopie.

Wieso soll das böse sein – es ist ja doch keine völlig erfolglose Zeit gewesen, in der ich Bürgermeister in Hamburg sein durfte. Aber kein Vertun: Trotz einer gewissen äußeren Ähnlichkeit ist Tschentscher ein ganz anderer, eigenständiger Mann. Und er besitzt die Tatkraft und die nötige Intelligenz, die es braucht, um in einem solchen Amt zu bestehen. Er wird es sehr gut machen, aber er wird ganz sicher nicht eine Kopie des Ersten Bürgermeisters Olaf Scholz werden.

Was unterscheidet Sie beide denn?

Ach, das werden Sie schon herausfinden. Ich bin jedenfalls fest überzeugt, dass die Hamburgerinnen und Hamburger sich ihren neuen Bürgermeister genau anschauen und dass sie gut finden werden, was sie sehen.

[…]

Es gibt viele Menschen, die in den vergangenen Jahren nicht die SPD, sondern Olaf Scholz gewählt haben. Besteht nicht die Gefahr, dass die sich jetzt von der Partei wieder abwenden?

Nein, diese Gefahr sehe ich nicht. Solche Männer und Frauen mag es geben, sie werden die SPD dann aber wegen Peter Tschentscher wählen.

Unterschätzen Sie da nicht den Scholz-Effekt für das Wiedererstarken der SPD in Hamburg in den vergangenen sieben Jahren?

Sie sind ja sehr freundlich zu mir zum Abschied (lacht). Ich freue mich, wenn es einen solchen Scholz-Effekt gegeben hat. Aber ein solches Phänomen ist nicht auf meine Person beschränkt, sondern es stellt sich ein, wenn die Bürgerinnen und Bürger zufrieden sind mit der Arbeit ihres Führungspersonals.

Machen Sie sich damit nicht etwas zu klein?

Nö. Ich bleibe bei meinen 1,70 Metern.

[…]

Sie haben einen recht emotionalen Abschiedsbrief an die Hamburger geschrieben. Sie können also doch Empathie. Warum bemühen Sie sich dennoch, so gut wie nie eine persönliche Regung zu zeigen?

Politik ist keine Vorabendserie, sondern eine ernste, nüchterne Sache. Die Bürgerinnen und Bürger bestellen erst mal eine Führungsleistung und gute Arbeit. Tatsächlich mache ich Politik mit viel Leidenschaft und immer mal wieder fällt das jemandem auch auf.

[…]

Sie sind ein Meister darin, sich nicht festzulegen. Warum?

Ich lege mich viel öfter fest als andere. Und bleibe dann auch dabei.

Und wenn Sie sich nicht festlegen, dann weil Sie nicht wissen, ob Sie das, was Sie dann sagen, auch einlösen können?

Politik ist ein Prozess, an dem viele mitwirken. Ich glaube, selbst wenn man sehr wichtige und einflussreiche Ämter hat in einer Stadt oder einem Land oder darüber hinaus, dann ist man nur ein Teil einer komplizierteren Gleichung. Man sollte nicht den Eindruck erwecken, als ob man alles allein in der Hand hätte. John Wayne ist für die Politik ein schlechtes Vorbild.

[…]

Sie selbst sagen, dass Sie nirgendwo so viel Spaß hatten wie in Hamburg und eigentlich bleiben wollten. Warum gehen Sie dann?

Meine persönliche Planung sah eigentlich nicht vor, jetzt als Vizekanzler und Finanzminister nach Berlin zu gehen. Ich hatte hier schon die nächste große Runde vorbereitet, in der ich die Bürgerinnen und Bürger in den Stadtteilen zum Gespräch einlade. Wir haben dazu eigens schöne neue Fotos gemacht, die Plakate sind schon fertig. Meine Frau hatte sich eine Wohnung in Potsdam gesucht, in der sie als Ministerin leben und ich sie ab und an besuchen kann. Nun kommt es anders, so ist das Leben manchmal.

[…]

Wann und wie haben Sie sich für den Wechsel entschieden?

Dafür gab es keinen konkreten Zeitpunkt, es war eher ein Prozess. Irgendwann war mir klar, dass es auf mich zulaufen könnte, sollte die SPD die Verantwortung für das Finanzministerium erhalten. Am Ende der Koalitionsverhandlungen, an jenem 7. Februar, früh um 7 Uhr war es dann tatsächlich so weit.

[...]

Zu Ihrer eigenen Überraschung sind Sie zwischenzeitlich SPD-Vorsitzender geworden. Auf normalem Weg wären Sie das nie geworden. Es scheint, man mag Sie in der eigenen Partei nicht besonders. Woran liegt das?

Ich bin kommissarisch Vorsitzender der Partei. Die SPD hat mich gebeten, als Finanzminister und Vizekanzler ins Bundeskabinett zu gehen. Über einen Mangel an Zuwendung kann ich nicht klagen.

[...]

Peer Steinbrück hat im Spiegel *gesagt: „Die Strafaktionen gegen Olaf Scholz und andere SPD-Politiker belegen, dass Vorstandswahlen nicht nach Kompetenz funktionieren, sondern nach Gesinnungstreue." Stimmt, oder?*

Nein, stimmt nicht. Im Übrigen mache ich das, was ich für richtig halte, und profiliere mich niemals auf Kosten anderer in der SPD und auch nicht auf Kosten der Partei.

Warum opfern Sie sich für eine Partei auf, die Ihnen dafür nicht mal Danke sagt?

Opfern?

Sie geben das Amt des Hamburger Bürgermeisters ja auch auf, um Ihrer Partei aus einer schwierigen Situation zu helfen.

Um keinen falschen Eindruck zu erwecken: Der Abschied aus Hamburg, meiner Heimatstadt, macht mich traurig, das ist ein melancholischer Moment. Ich bin sehr gern Hamburger Bürgermeister gewesen. Aber das Amt des Bundesfinanzministers und Vizekanzlers, das ich nächste Woche antreten soll, das will ich jetzt auch aus vollem Herzen ausfüllen, es reizt mich sehr.

Wir haben neulich mit einem Ohr mitgehört, dass Sie noch zehn Jahre Politik machen wollen. Stimmt das?

Mindestens (lacht). Ich habe jedenfalls kein Endzeitgefühl.
[…]

Nach 16 Jahren wäre dann ja mal wieder ein Mann als Kanzler dran …

Das Geschlecht ist unwichtig. Wichtiger ist, dass es eine oder einer von der SPD wird.

Olaf Scholz
und Helmut Schmidt

„Ich interessiere mich nicht
für Kommunalpolitik"

Bei einem Abendessen im Hotel Atlantic im Jahr 2011 meinten es die Gastgeber sehr gut mit dem neuen Chefredakteur des *Hamburger Abendblatts*, der wenige Monate zuvor seinen Posten angetreten hatte. Sie platzierten mich an einem Tisch direkt neben Altbundeskanzler Helmut Schmidt und ich gebe zu, dass ich richtig, richtig aufgeregt und ziemlich unsicher war. Ich war Helmut Schmidt vorher noch nie begegnet, ich hatte nur viele Geschichten über ihn gehört, eine war (Ehr-)Furcht einflößender als die andere. Schmidt war eine dieser Legenden, von denen man sich nicht vorstellen konnte, dass es sie wirklich gibt, und noch weniger, dass man bei einem Abendessen neben ihnen sitzt. Ich tat es nun, näherte mich dem Tisch, an dem er schon in seinem Rollstuhl saß, die Zigarette im Mund, ein Glas Cola vor sich. Ich weiß nicht mehr, was ich gesagt, ob ich mich vorgestellt habe, so nach dem Motto: „Ich bin der neue Chefredakteur des *Hamburger Abendblatts*, guten Abend, Herr Schmidt." Ich weiß nur, dass er nicht reagiert hat. Ich nahm Platz, zusammen mit zwei Bankern aus der Schweiz, die wie ich Schmidt ansahen, als sei er eines der Weltwunder. Der bestellte ein zweites Glas Cola, steckte sich eine Zigarette an und wirkte, als habe er gar keine Lust, hier zu sitzen.

Als die Vorspeise kam, von der Schmidt nur zwei Happen nahm, bevor er sich wieder der Cola zuwandte, trauten sich die Banker, ihn anzusprechen. „Herr Schmidt", sagten sie, „wir machen uns Sorgen um den Euro. Sind die berechtigt?" Der Altkanzler überlegte kurz, ohne die beiden Herren, die ihm gegenübersaßen, anzusehen, und sagte dann: „Nein." Die Banker strahlten, als ob damit die Zukunft der Währung ein für alle Mal gesichert sei.

Als die Hauptspeise kam, in der Schmidt wieder nur lustlos herumstocherte, als sei Essen an sich belanglos und zeitraubend, nahm ich meinen ganzen Mut zusammen und versuchte, ein Gespräch zustande zu bringen. Ich wollte mit ihm über etwas reden, von dem ich glaubte, mich darin hinreichend auszukennen, und das war, natürlich, die Hamburger Lokalpolitik. Wenige Monate vorher hatte die SPD mit Olaf Scholz wieder das Amt des Bürgermeisters übernommen, das Rathaus von der CDU zurückgeholt, das musste doch auch Helmut Schmidt gefreut haben und entsprechend ein Thema sein, über das er gern sprechen würde. Also fragte ich, etwas lauter, weil ich mich zu erinnern glaubte, dass Schmidt auf einem Ohr nicht besonders gut hörte, ich aber nicht wusste, ob es das Ohr war, das mir zugewandt war: „Herr Schmidt, wie zufrieden sind Sie bisher mit Olaf Scholz als neuem Bürgermeister?" Schmidt hatte die Frage offenbar verstanden, bevor er antwortete, zog er lange an seiner Zigarette, um den Kopf dann leicht seitwärts zu mir hinüberzubeugen. Er sagte, ohne mich anzusehen: „Junger Mann, ich interessiere mich nicht für Kommunalpolitik."

Den Rest des Abends habe ich kein Wort mehr gesagt.

Die Begegnung mit Helmut Schmidt hat mich befangen gemacht, was die Beurteilung des Menschen angeht, der wie kein anderer erst in Hamburg und dann in Deutschland vergöttert wurde – übrigens, und das vergessen viele, weit, weit nach seiner Zeit als Bundeskanzler. Je älter Helmut Schmidt wurde, desto stärker wurde die Achtung vor ihm als Welterklärer, vor dem Orakel, das mit allem, was es sagte, am Ende Recht behielt. Er war ein besonderer Mann, keine Frage, und ein bodenständiger, zumindest wenn man diese Eigenschaft auf seine tiefe und lange

Verbundenheit zu Hamburg bezieht und auf sein Haus im eher unspektakulären Stadtteil Langenhorn. Andere Bundeskanzler wären an die Elbe oder an die Alster gezogen, Schmidt kam nicht mal auf die Idee. Das machte ihn sympathisch, andere Eigenschaften taten das eher nicht. Der Hamburger Ehrenbürger war ein Patriarch alter Schule, er ließ die Menschen spüren, gerade Journalisten, wenn er nichts von ihnen hielt. Schmidt, der nach der Politik bekanntlich eine große Karriere als Herausgeber der *ZEIT* und Autor vieler wichtiger Bücher gemacht hat, sagte einmal, dass er nie ein richtiger Journalist werden würde, „weil ich mir das Arbeiten nicht abgewöhnen kann". Das war böse, aber so war Helmut Schmidt eben auch, die Bodenständigkeit endete dort, wo es darum ging, wer der Klügste im Land war. Da konnte es nur einen geben.

Ein Hamburger, der Bundeskanzler der Bundesrepublik Deutschland wird, wird automatisch mit dem Hamburger verglichen, der dieses Amt schon einmal innehatte. Olaf Scholz ist aus Hamburger Sicht de facto so etwas wie der Nachfolger von Helmut Schmidt, er war wie er, wenn auch nur kurz, Innensenator und es geht die Sage, dass er, also Scholz, damals verlautet haben soll: „So hat Helmut Schmidt auch einmal angefangen." Man hält es, wenn man ihn kennt, nicht für unmöglich.

Wie viel Schmidt steckt in Scholz? FDP-Chef Christian Lindner sagte mir dazu vor der Bundestagswahl: „Ich habe mit Herrn Scholz persönlich ein gutes Verhältnis und wir haben auch schon Dinge, etwa Verfassungsänderungen, gemeinsam beschlossen. Ich will nur in Klarheit herausarbeiten, dass bei allem Respekt gegenüber Herrn Scholz und der Anerkennung seiner Professionalität nicht der Eindruck entstehen darf, er sei der natürliche Nachfolger von Helmut Schmidt. Das ist er nicht." CDU-Chef Armin Laschet sagte: „Ein Politiker muss authentisch sein. Er muss nicht Angela Merkel spielen, er muss nicht Helmut Schmidt spielen."

Hat Olaf Scholz das getan? Die Antwort ist: Nein. Die Vergleiche mit Helmut Schmidt werden ihn nicht stören, richtig freuen werden sie ihn aber auch nicht. Scholz ist in einer Zeit Mitglied der SPD geworden, in der Schmidt Kanzler war, 1975, und „es liegt auf der Hand, dass mein Eintritt viel mit ihm zu tun hatte", sagte er einmal in einem Gespräch mit dem *Hamburger Abendblatt*. „Allerdings warne ich davor, Geschichte nachträglich zu überinterpretieren. Ich war 17 Jahre alt – und machte mir keine größeren Gedanken über die Unterschiede zwischen Willy Brandt und Helmut Schmidt. Wichtiger aber war mir schon als Jugendlicher, Partei zu ergreifen für Gerechtigkeit. Dafür gab und gibt es nur eine Partei: die SPD." Scholz hat es nicht so mit Vorbildern, er ist niemand, der anderen nacheifert, und auf die Frage, ob er der neue Helmut Schmidt sei, antwortete er: „Na ja, ich bin Olaf Scholz."

Tatsächlich haben die beiden Bundeskanzler einige Gemeinsamkeiten, die über Herkunft und Parteizugehörigkeit hinausgehen. Schmidt schätzte wie Scholz eine pragmatische Politik, war sich seiner eigenen Rolle und Bedeutung jederzeit sicher, arbeitete sehr hart, schonte sich nicht. Aber schon bei der Art zu reden beginnen die Unterschiede. Helmut Schmidt war der große Politikerklärer, der selbst komplizierteste Zusammenhänge und Konsequenzen so beschreiben konnte, dass sie jedermann einleuchteten. Er war bei Weitem nicht so zurückhaltend wie Olaf Scholz, konnte bissig und richtig aggressiv werden, zynisch sowieso. Mit Schmidt Schnauze legte man sich lieber nicht an, man konnte nur verlieren.

Scholz' Rhetorik und seine Auftritte funktionieren, siehe oben, anders, er bleibt auch ruhig, wenn es um ihn herum unruhig wird. Momente wie beim zweiten TV-Triell, als Armin Laschet Scholz derart reizte, dass dieser rote Ohren bekam, sind Ausnahmen. Seine Fähigkeiten als Redner sind nicht im Ansatz mit denen Helmut Schmidts vergleichbar. Das liegt auch daran, dass die beiden zwei unterschiedliche politische Schwerpunkte hatten beziehungsweise haben. Schmidt beschäftigte sich vor allem mit dem großen Ganzen, er war ein Außenpolitiker, der sich für die Kräfteverhältnisse auf der Welt interessierte, für die Rollen von China und den USA – und für Europa. Er machte sich im Verlauf seines Lebens auch deshalb immer weniger Gedanken über die deutsche Politik, weil er nicht an eine Zukunft Deutschlands als vorwiegend allein agierender Nationalstaat glaubte. Sein Deutschland war ein fester Bestandteil der Europäischen Union, die nur in ihrem Zusammenschluss und mit einer gemeinsamen Politik die Chance haben würde, in der neuen globalisierten Welt zu bestehen. Darüber konnte Schmidt stundenlang nachdenken, nachlesen und dozieren; die Mühen der Ebene, all das, was national, lokal oder gar kommunal passierte, interessierten ihn nur am Rande.

Bei Scholz ist das anders, er ist durchaus ein Mann dieser Ebenen und hat als Jurist mindestens die Fähigkeiten, aber wohl auch Spaß daran, sie zu durchdringen, Gesetze, Vorschriften oder eben Koalitionsverträge zu formulieren. Auch er hat den Hang, bei Treffen mit anderen, nicht nur mit anderen Politikern, ins Dozieren zu verfallen. So entstehende Monologe sind aber (noch) deutlich kleinteiliger, als sie es bei Helmut Schmidt waren. Scholz lässt gern sein Fachwissen, die Kenntnis jedes Details aufblitzen, um andere zu beeindrucken oder, bei Verhandlungen, einzuschüchtern. „Er ist in erbarmungsloser Weise von sich selbst überzeugt", zitierte das *Hamburger Abendblatt* aus einer Verhandlungsrunde zwischen der SPD und den Grünen. Das hat er mit Helmut Schmidt gemeinsam. Was sich wie ein Vorwurf anhört und vom politischen Gegner wahrscheinlich auch so gemeint sein soll, ist aber eigentlich keiner. Denn was passiert, wenn jemand, der Bundeskanzler der Bundesrepublik Deutschland werden will, nicht vollkommen von sich überzeugt ist, hat die CDU/CSU bei der Kandidatur von Armin Laschet erlebt.

Ein Regierungschef muss sendungsbewusst, selbstsicher und eitel sein, sonst ist er im Kanzleramt an der falschen Stelle.

Die Frage ist, ob er dabei die Grenze zur Arroganz überschreitet, die mit der Geringschätzung erst des Gegenübers, dann der Bürger und Wähler einhergeht. Das kann ich bei Olaf Scholz nicht feststellen, gerade nicht im direkten Vergleich mit Helmut Schmidt. Während der schon zu Lebzeiten die Sphären des Irdischen verlassen hatte und mit seiner scheinbar unendlichen Weisheit über allem schwebte, hat sich Scholz ein Stück seiner Unsicherheit bewahrt, auch wenn er selbst vielleicht gar nicht froh darüber ist. Wenn Menschen Scholz als distanziert und schwer zugänglich empfinden, liegt das nicht daran, dass er sich bewusst von ihnen abheben will oder sich als etwas Besseres empfindet. Es liegt daran, dass er ein schüchterner Mensch geblieben ist, dem es nicht in die Wiege gelegt wurde, auf andere zuzugehen.

Scholz' Auftritte sind nach wie vor leise und bedacht, genauso redet er auch. Und, auch das ist für einen Politiker seiner Ranghöhe nicht selbstverständlich: Er ist ein höflicher Mensch geblieben, dem Umgangsformen wichtig sind. Wenn Scholz etwa einen Journalisten, den er lange und gut kennt, in Begleitung von dessen Frau trifft, begrüßt er zuerst die Frau, spricht kurz mit ihr und wendet sich dann erst dem Mann zu. Man mag das für völlig normal und natürlich halten, in der Welt von Politikern, die vor allem auf sich und die fixiert sind, die für sie wichtig sind, ist es das nicht.

Ach ja: Scholz hätte sich, wenn er rauchen würde, auch nie ohne zu fragen in Räumen eine Zigarette angesteckt, in denen das eigentlich verboten ist – wenn Sie wissen, was ich meine …

Wenn man sich also die Frage stellt, ob Olaf Scholz der neue Helmut Schmidt ist, heißt die Antwort: Im Moment nicht und die Wahrscheinlichkeit, dass er es wird, ist gering. Olaf Scholz will Olaf Scholz sein, bleiben und werden, auch wenn das bedeutet, vielleicht nie in die intellektuellen Sphären seines Vorgängers dringen zu können. Denn, das kann man eindeutig sagen: Scholz wird nicht als einer der klügsten Köpfe in die Geschichte der Bundesrepublik eingehen, sondern als einer, der klug regiert hat.

Man wüsste gern, was Helmut Schmidt dazu sagen würde, dass Olaf Scholz jetzt Bundeskanzler ist. Man wäre auch gern bei den langen Gesprächen dabei gewesen, die die beiden bei den Schmidts in Langenhorn geführt haben, mal am spartanischen Küchentisch, mal im Wohnzimmer. „Es waren stets Gespräche im familiären Rahmen. Ich habe sie sehr geschätzt", hat Scholz einmal erzählt. „Man ist dort nie schnell weggegangen. Mir hat es immer gut gefallen. Und es war ja schon etwas Besonderes, irgendwann mit jenem Helmut Schmidt in seinem Haus zu sitzen, der schon Bundeskanzler war, als ich 17-jährig in die SPD eingetreten bin."

Olaf Scholz war es schließlich auch, der in seiner Funktion als Hamburger Bürgermeister beim Staatsakt für den verstorbenen Ehrenbürger Helmut Schmidt die Trauerrede gehalten hat, in diesem Fall muss man vielleicht auch sagen: halten durfte. Es ist eine der besten Reden, die es von Scholz gibt, sie endet mit der ikonischen Formulierung, dass „wir einen Giganten verloren" haben. Und sie enthält nicht nur das Vermächtnis von Bundeskanzler Helmut Schmidt, sondern auch einen Ausblick auf das, was wir vom Bundeskanzler Olaf Scholz zu erwarten haben. Er sagte im November 2015 im Hamburger Michel: „Ein politisches Angebot zu formulieren, das Sicherheit im Wandel der Moderne vermittelt, ohne die Freiheit des Wandels dadurch infrage zu stellen, gehört zu den großen Lebensleistungen Helmut Schmidts. Von ihm haben wir gelernt, wie eine soziale und demokratische Politik mit klugen und pragmatischen Reformen helfen kann, das Leben vieler zu verbessern." Und weiter: „Politik ist pragmatisches Handeln zu sittlichen Zwecken, hat er geschrieben und damit die nüchtern-pragmatische Philosophie Karl Poppers auch der bisweilen eher romantisch-idealistischen Sozialdemokratie erschlossen. Der Reformismus Eduard Bernsteins fand so nicht nur eine weitere philosophische Grundlage, sondern zugleich auch seine politische und praktische Realisierung im Regierungshandeln der sozialliberalen Koalition. Hier zeigt sich, dass Helmut Schmidt zeitlebens ein Intellektueller gewesen ist, der viel Energie in die redliche Begründung seiner politischen Initiativen investierte. Aber er war ein Intellektueller, dem das kluge Kommentieren der Zeitläufte nie genug war. Für ihn war die Theorie untrennbar mit der Praxis ihrer Umsetzung verbunden. Erst dann konnte sie Gültigkeit beanspruchen." Schließlich: „Daraus entsteht ein Politikstil der vielen kleinen Schritte, der bis heute Regierungen ganz unterschiedlicher politischer Couleur prägt. Die Vorstellung, dass sich unsere Gesellschaft auf diese Weise nachhaltig verbessern lässt, ist zutiefst demokratisch und einer dynamischen Moderne mehr als angemessen."

Das werden die Freien Demokraten um Christian Lindner gern hören. Olaf Scholz ist seit vier Jahrzehnten der erste Sozialdemokrat, der eine Koalition mit den Liberalen auf Bundesebene anführt. Der letzte war – Helmut Schmidt.

Olaf Scholz
und Angela Merkel

Die Sache mit der Raute

„Sagen Sie jetzt nichts" heißt eine erfolgreiche Reihe im Magazin der *Süddeutschen Zeitung*. In Interviews „ganz ohne Worte" werden bekannten Persönlichkeiten Fragen gestellt, die sie nur mit Gesten, Mimik oder Gegenständen, die sie einem Fotografen in die Kamera halten, beantworten dürfen. Das Format hat schon oft für Aufsehen gesorgt, auch bei früheren Wahlkämpfen. Der SPD-Kanzlerkandidat Peer Steinbrück zeigte 2013 dem Fotografen, und damit dem Betrachter, den Mittelfinger, als man ihn auf seine wenig schönen Spitznamen („Pannen-Peer, Problem-Peer, Perlusconi") ansprach. Der ehemalige Bundesfinanzminister fand das witzig, was es im Kontext durchaus auch war, die Wählerinnen und Wähler eher nicht. Das Stinkefinger-Bild wird bis heute mitverantwortlich dafür gemacht, dass Steinbrück die Bundestagswahl gegen Angela Merkel deutlich verlor.

Olaf Scholz war also gewarnt, als er vor der Bundestagswahl 2021 die Anfrage des Magazins erhielt, ob er sich auch den Fragen bei „Sagen Sie jetzt nichts" stellen würde. Er sagte zu, es entstanden insgesamt sieben Bilder. Auf einem hält Scholz sich mit den Fingern die Augen auf („Wie gucken Sie morgens in den Spiegel?"), auf einem anderen drückt er „das Lebensgefühl in Hamburg" mit einem Fischbrötchen aus. Das *Süddeutsche Zeitung Magazin* fragt: „Sie sagen, Sie können Kanzler. Was können Sie nicht?" Steinbrück hätte vielleicht mit den Schultern gezuckt, Scholz zeigt eine Glaskugel in die Kamera. Das witzigste Bild ist das, auf dem der Kanzlerkandidat kerzengerade steht, beide

Hände an der Hosennaht, die Füße zusammen: Seine Antwort auf die Frage, was konservativ bedeutet.

All diese Bilder werden nur die Leserinnen und Leser der *Süddeutschen Zeitung* gesehen haben. Ein anderes, die Nummer zwei in der Abfolge, hat dagegen im Wahlkampf für Aufsehen und teils heftige Reaktionen, insbesondere bei der CDU/CSU, gesorgt. Nicht so wie Steinbrücks Mittelfinger, aber fast. Das Foto zeigt Olaf Scholz, einen lachenden, die Zähne zeigenden (!) Olaf Scholz, wie er die Merkel-Raute macht. Die Hände vor dem Oberkörper, etwa auf Höhe des Bauchnabels, alle Finger berühren sich und bilden eine Formation, die alle Deutschen sofort mit der Kanzlerin verbinden. Die CDU hat in einem Wahlkampf auf Plakaten früher nur mit der Raute für Merkel geworben, sie ist über die 16 Jahre ihrer Kanzlerschaft zu ihrer Marke geworden.

Das ist mehr zufällig und der Einsicht folgend passiert, dass Menschen, die oft fotografiert werden, sich überlegen müssen, was sie mit ihren Armen machen. Sie einfach baumeln zu lassen kann leicht undynamisch, unentschlossen und schlaff aussehen, weshalb diejenigen, die sich mit Körpersprache auskennen, dazu raten, irgendetwas mit den Armen und Händen zu machen. Man kann sie vor dem Oberkörper verschränken, wie es viele Manager tun, was aber immer gleich eine Abwehrhaltung signalisiert. Man kann das Kinn auf eine Hand aufstützen, wie es einige Intellektuelle lieben, weil sie hoffen, damit besonders nachdenklich auszusehen. Oder man kann die Hände in irgendeiner Form zusammen- und damit Spannung in den Körper bringen, so wie das Angela Merkel mit ihrer Raute gemacht hat.

Olaf Scholz hat sich auch seit Langem abgewöhnt, auf Fotos die Arme baumeln zu lassen. Er legt die Daumen der Hände übereinander und drückt sie leicht ineinander oder hält eine Hand, bei geschlossenem Sakko, auf Höhe der Knöpfe. Die Merkel-Raute macht er normalerweise nicht, außer auf dem genannten Foto. Und weil Scholz nie etwas macht, ohne über die

Folgen und Wirkungen nachzudenken, ist davon auszugehen, dass er sich bewusst für das symbolträchtige Bild entschieden hat. Die Reaktionen waren entsprechend, von CDU/CSU-Politikern wurde das Foto fast als übergriffig bewertet. Er solle endlich aufhören, Angela Merkel zu spielen, sagte Unions-Kanzlerkandidat Armin Laschet, er sei schließlich nicht ihr legitimer Nachfolger. Bayerns Ministerpräsident Markus Söder warf Scholz „eine Art Erbschleicherei" vor. Bundesgesundheitsminister Jens Spahn kritisierte, dass der ehemalige Bürgermeister so tue, als sei er „Merkel in männlich", was nun wirklich nicht stimme, wenn man sich seine Politik und das Programm seiner Partei ansehe.

Selbst die Kanzlerin, zu der Olaf Scholz seit Jahren ein gutes Verhältnis hatte, mischte sich in die erhitzte Diskussion ein: „Mit mir als Bundeskanzlerin würde es nie eine Koalition geben, an der die Linke beteiligt ist. Und ob dies von Scholz so geteilt wird oder nicht, das bleibt offen", sagte Merkel bei einer Pressekonferenz mit dem damaligen österreichischen Bundeskanzler Sebastian Kurz Ende August 2021. Allein daran sehe man schon, „dass da ein gewaltiger Unterschied für die Zukunft Deutschlands zwischen mir und ihm besteht".

Spätestens nach diesen Sätzen wurde in allen Talkshows der Republik darüber diskutiert, wie viel Merkel denn nun in Olaf Scholz steckt. SPD-Politiker mussten erklären, ob es nicht vermessen und selbstverliebt sei, dass sich ihr Kandidat Wochen vor der Wahl fotografieren lasse, als sei er bereits der neue Kanzler. Die Debatte war typisch für die Oberflächlichkeit, wie man sie in einigen Talkshows leider immer wieder antrifft. Denn als das Foto einmal in der Welt war, interessierte sich kaum noch jemand dafür, in welchem Kontext es eigentlich aufgenommen worden war. Dabei wäre die Recherche recht einfach gewesen …

Scholz antwortete mit der Merkel-Raute nämlich nicht auf die Frage „Wer wird der nächste Kanzler?", die wurde von den Kollegen des *Süddeutsche Zeitung Magazins* gar nicht gestellt. Die

Frage, die dem Bild zugrunde liegt, hieß stattdessen: „Wie sehr werden Sie Frau Merkel vermissen?"

Eigentlich kein Grund, um sich aufzuregen, selbst dann nicht, wenn man Mitglied der CDU/CSU ist. Dass führende Unionspolitiker das trotzdem taten, sogar Armin Laschet, bewies, wie zunehmend verzweifelt man wenige Wochen vor der Bundestagswahl angesichts steigender Umfragewerte für die SPD war. Es zeigte aber vor allem, dass die Strategie von Olaf Scholz aufging. Denn natürlich gehörte zu seinem Konzept, zu der Scholz-Story, dass er sich als der Kandidat positionieren wollte, der der beliebten Kanzlerin am ähnlichsten ist. „Die nächste Bundestagswahl wird eine ganz neue Situation für Deutschland sein. Das erste Mal tritt niemand an, der Amtsinhaber ist. Darin liegen viele Chancen und Möglichkeiten", hat Olaf Scholz mir einmal gesagt. Die meisten Wählerinnen und Wähler würden sich allerdings erst wenige Wochen vor der Wahl intensiver damit beschäftigen und registrieren, dass die Zeit von Angela Merkel als Bundeskanzlerin wirklich zu Ende geht. Dann würden sie nach jemanden suchen, der so ähnlich sei wie sie, der bewiesen habe, dass er regieren könne, der Erfahrung habe, auch in Krisensituationen ruhig und pragmatisch sei und so weiter. Scholz sprach über sich, er wollte die männliche Merkel werden, weil er sich damit die größten Erfolgsaussichten versprach.

Das Foto mit der Raute kam da gerade recht, es war eine bewusste Inszenierung in einer Phase des Wahlkampfes, in der auf einmal alle begannen, über Olaf Scholz zu sprechen. Die Vergleiche mit Merkel befeuerten sein Narrativ weiter und brachten ihm perfekte Vorlagen für Diskussionsrunden. Denn anders als Armin Laschet, der sich in seiner Rolle als vermeintlicher Erneuerer der CDU immer auch von Angela Merkel abgrenzen musste, konnte Scholz die scheidende Kanzlerin loben, wie er wollte. Und das tat er auch. Die Zusammenarbeit sei immer prima gewesen, schon damals, als er ihr Arbeitsminister gewesen sei, und erst recht als Vizekanzler und Bundesfinanzminister. Man sei gut gemeinsam durch die Krisen gekommen, pflege ein vertrauensvolles Verhältnis und habe sowieso ein ähnliches Verständnis von Politik. Das klang, als wäre Scholz der Kandidat der CDU, eigentlich hätte Armin Laschet so reden müssen. Laschet blieb, Scholz zu entgegnen, dass er als Finanzminister nur so gut gewirtschaftet habe, „weil Angela Merkel so gut auf ihn aufgepasst hat". Das Bild, das sich in den Köpfen der Menschen festsetzte, die sich nur nebenbei mit dem Wahlkampf und der Wahl beschäftigen konnten und bisher mit Angela Merkel ganz zufrieden waren, war aber: Der Scholz ist wie Merkel, nur in einer anderen Partei. Die Vergleiche gefielen ihm, Scholz sagte dazu: „Ich habe es nie als unangenehm empfunden, mit einer erfolgreichen Frau verglichen zu werden."

Es bleibt die Frage, wie nah sich Angela Merkel und Olaf Scholz wirklich sind. Wir vom *Hamburger Abendblatt* haben vor ein paar Jahren bei einem Interview im Kanzleramt versucht, darüber mit ihr zu sprechen. Scholz war zu dieser Zeit Hamburger Bürgermeister, es hieß, dass die Kanzlerin ihn in seiner Zeit als Bundesarbeitsminister schätzen gelernt hätte. Trotzdem wollte Merkel Fragen zu ihm nicht beantworten. Als wir wenigstens ein paar Sätze zu ihrer Geburtsstadt Hamburg von ihr erfahren wollten, wurde die Kanzlerin grantig. Sie habe genug, immer wieder auf Hamburg angesprochen zu werden, sie hätte die Stadt mit ihren Eltern wenige Wochen nach ihrer Geburt verlassen. Tatsächlich ist ein kleiner, aber feiner Unterschied zwischen Merkel und Scholz, dass sie gebürtige Hamburgerin ist, er nicht. Scholz ist in Osnabrück zur Welt gekommen und später als Kind und Jugendlicher in Hamburg aufgewachsen, wo er bis heute eine (Miet-)Wohnung im Stadtteil Altona hat. Anders als die Altkanzlerin empfindet er Hamburg aber als seine Heimat, liebt die Stadt, so wie ein Olaf Scholz eine Stadt eben lieben kann. Merkel hat dagegen über die Jahre eine bemerkenswerte Distanz zu ihrem Geburtsort entwickelt. Das in den Monaten vor ihrem Ausscheiden aus dem Amt in Hamburg weitverbreitete Gerücht, sie würde in den Norden, genauer gesagt in das noble Blankenese an der Elbe ziehen, entpuppte sich entsprechend als Unsinn.

Merkel ist Physikerin, Scholz Jurist, analytisch denkende Menschen sind sie beide. Während Merkel sich in ihren vier Regierungszeiten aber immer stark von Umfragen leiten ließ und versuchte, dem so ermittelten Bürgerwillen gerecht zu werden, orientierte sich Scholz stärker an eigenen Überzeugungen und Plänen. Merkel reagierte mehr, als sie agierte, Scholz hatte immer eine Agenda, die um das Tages- und Krisengeschäft ergänzt wurde. Beide sind von einem kleinen Kreis enger Vertrauter umgeben, auf die sie hören und von denen sie größte Loyalität einfordern und erfahren. Scholz wie Merkel gelten als eher spröde und nüchtern, sie sind Kanzlerin und Kanzler geworden, ohne das zu besitzen, was man Charisma nennt. Merkel hat in ihrer langen Zeit als Kanzlerin nur sehr selten Gefühle gezeigt, am stärksten wahrscheinlich bei der Flüchtlingskrise 2015 („Wir schaffen das!"), Scholz tickt da sehr ähnlich.

Beide sind Arbeitstiere, belastbar bis über die Schmerzgrenze hinaus und bereit, alles in ihrem Leben der Politik unterzuordnen. Dabei sind sie auf eine besondere Art uneitel, sie mögen es nicht, wenn sich andere wie Schauspieler oder Popstars inszenieren, sie wollen ernsthafte und ernst zu nehmende Politiker sein und nicht Politik-Darsteller. Dazu gehört auch eine Portion Langeweile.

Eine der größten Gemeinsamkeiten der beiden ist jedoch eine andere: Sie sind Außenseiter in ihren eigenen Parteien. Olaf Scholz' Verhältnis zur SPD ist seit seiner Zeit als Generalsekretär und der Agenda 2010 gestört. Er wurde in der Partei wahlweise geachtet oder gefürchtet, geliebt wurde er nie. Das lässt sich trotz vier gewonnener Bundestagswahlen auch über Angela Merkel und die CDU sagen. Wie sehr sich die Partei und ihre langjährige

Vorsitzende und Bundeskanzlerin voneinander entfernt haben, war spätestens nach der Landtagswahl in Hessen 2018 zu sehen, als Merkel ihren Rücktritt von der Parteispitze erklärte. Seitdem wurde man als Beobachter den Eindruck nicht los, dass ihr die Zukunft der CDU egal ist. Merkel begründete ihre Zurückhaltung damit, dass sie sich in eine Erneuerung der Partei nicht einmischen wolle. Aber es wirkte schon seltsam, dass die Bundeskanzlerin selbst in den Wochen des Wahlkampfes ihre selbst auferlegte Neutralität nicht aufgab und so tat, als ginge sie die Entscheidung am 26. September nichts an. Als sie sich schließlich doch einmischte und ausgerechnet bei ihrer letzten Rede im Deutschen Bundestag und unter kritischen Rufen der Opposition („Unverschämt!") Wahlkampf für Armin Laschet machte, war es zu spät.

Wäre das anders gewesen, wenn Merkels Wunschkandidatin als CDU-Vorsitzende, Annegret Kramp-Karrenbauer, auch Kanzlerkandidatin geworden wäre? Wir wissen es nicht. Wir wissen nur, dass Merkel am Wahlabend zusammen mit einer Menge anderer CDU-Politiker auf der Bühne im Konrad-Adenauer-Haus stand und Wahlverlierer Armin Laschet applaudierte, als der aus seinem Ergebnis die Möglichkeit ableitete, eine „Zukunftskoalition" bilden zu können. Man konnte die Gesichtszüge der Kanzlerin nicht erkennen, weil sie coronakonform eine Maske trug, und vielleicht hätte sich auch diesmal nichts daraus ablesen lassen. Dass sie aber auf der Bühne stand, als sei sie eine von vielen in der CDU, sagte einiges.

Für die Union ist die Bundestagswahl bitter ausgegangen, für die Bewertung von Angela Merkel in den Geschichtsbüchern muss das Ergebnis nicht schlecht sein. Die Kanzlerin hat das Ende ihrer Karriere nicht nur selbst bestimmt, sie ist auch bis zur letzten Umfrage vor dem 26. September Deutschlands beliebteste Politikerin geblieben. Dass dann die CDU die Wahl verloren hat, weil die SPD mit einem Kandidaten siegte, in dem viele die nächste Merkel gesehen haben, kann man als Kompliment verstehen, vielleicht war es sogar eine Genugtuung.

Der zweitbeliebteste Politiker direkt vor der Wahl war übrigens: Olaf Scholz.

„Wollen Sie nicht doch zurück nach Berlin?"

Die Frage aller Fragen

Es gibt einen erheblichen Unterschied zwischen den drei Bundeskanzlern, um die es in den vorherigen Kapiteln gegangen ist. Während Helmut Schmidt und Angela Merkel, als sie in der Bundespolitik angekommen waren, in Bonn beziehungsweise Berlin blieben und dort die Karrieren machten, die sie schließlich ins Kanzleramt bringen sollten, musste Olaf Scholz zwischenzeitlich als Bürgermeister zurück in die Landespolitik. Eine Welt, die sich schnell als zu eng erwies für einen, der zuvor als Bundesarbeitsminister gegen die Folgen der weltweiten Finanzkrise gekämpft hatte. Und selbst wenn sich Olaf Scholz auf einmal nur noch für lokale Politik und Hamburger Belange interessiert hätte, wäre er von Journalisten immer wieder auf Größeres angesprochen und für Größeres ins Spiel gebracht worden. Die Frage, die dem SPD-Politiker direkt oder indirekt in den meisten Interviews in seiner Zeit als Bürgermeister gestellt wurde, war, ob, wann und in welcher Funktion er gedenke, nach Berlin zurückzukehren.

Das begann schon kurze Zeit nach der Bürgerschaftswahl 2011. Scholz hatte sich gerade ordentlich in seine neue Rolle eingearbeitet und offenbar auch Spaß daran gefunden, als die SPD einen Kanzlerkandidaten für die Bundestagswahl 2013 suchte. Scholz beeilte sich, auf entsprechende Fragen in diese Richtung zu erklären, dass er den Hamburger „Wählerinnen und Wählern versprochen habe, mit aller Kraft für die Stadt zu arbeiten", und gedenke, Bürgermeister zu bleiben und das „so gut zu machen, dass die Menschen mich beim nächsten Mal wieder wählen".

Eine Formulierung, die er in den kommenden Jahren vielfach wiederholen sollte, selbst dann noch, als sie nicht mehr der Wahrheit entsprach, nämlich kurz vor seinem Wechsel als Bundesfinanzminister 2018 nach Berlin.

Dabei war es bereits bei der Bundestagswahl 2013 gar nicht so abwegig, Scholz als möglichen Spitzenkandidaten ins Gespräch zu bringen. Die Erinnerungen an seine Leistungen in der Finanzkrise, das Kurzarbeitergeld, das Hunderttausende Jobs gerettet und entsprechend viele Menschen vor der Arbeitslosigkeit bewahrt hatte, waren noch frisch. Gleichzeitig hatte die SPD nicht viele Ministerpräsidenten vorzuweisen, die eine Landtagswahl derart souverän gewonnen hatten wie Olaf Scholz. Tatsächlich zog man aber mit dem ehemaligen Bundesfinanzminister Peer Steinbrück in den Wahlkampf. Der erreichte am 22. September 2013 genau denselben Anteil an Stimmen, wie ihn Olaf Scholz acht Jahre später holte. Mit dem großen Unterschied, dass 25,7 Prozent für die SPD 2013 nicht ansatzweise zu Platz eins reichten. Die CDU/CSU kam auf 41,5 Prozent, es war ein triumphaler Sieg der alten und neuen Bundeskanzlerin Angela Merkel.

Einige Medien hatten vor der Wahl für den Fall einer deutlichen Niederlage der SPD vorhergesagt, dass es Diskussionen um den Parteivorsitzenden Sigmar Gabriel geben könnte und dass Olaf Scholz als Alternative zur Verfügung stünde. Es kam nicht dazu. Denn erstens hatte die SPD trotz des klaren Abstands zur Union im Vergleich zur Wahl 2009 2,7 Prozentpunkte zugelegt. Und zweitens verpasste die FDP, die bis dahin mit der CDU/CSU eine schwarz-gelbe Bundesregierung gebildet hatte, mit nur 4,8 Prozent der Stimmen den Wiedereinzug in den Bundestag. Die SPD hatte erneut die Chance, über eine Große Koalition an die Macht zu kommen. Sigmar Gabriel wurde Bundesminister für Wirtschaft und Energie und Vizekanzler, später wechselte er ins Auswärtige Amt. Und Olaf Scholz? Der blieb in Hamburg, weil der Posten des Vizekanzlers in der schwarz-roten Koalition besetzt war und jedes andere Ministerium für ihn kein Karriereschritt in die richtige Richtung gewesen wäre. Wobei, auch das gehört zur Wahrheit dazu, die Möglichkeit einer Rückkehr nach Berlin damals nur theoretisch bestand. Praktisch hatte Sigmar Gabriel kein Interesse, Olaf Scholz wieder an den Kabinettstisch zu holen.

Die beiden machtbewussten Sozialdemokraten hatten ein schwieriges Verhältnis, eigentlich hatten sie gar keins. Was allein damit zu erklären ist, wie unterschiedlich sie sind. Hier der ruhige, nüchterne und spröde Scholz, dem Unberechenbarkeit ein Gräuel ist, dort der unberechenbare Gabriel, leidenschaftlich, explosiv und beständig unzuverlässig. In der SPD kursierten unzählige Geschichten von Terminen, die Gabriel in seiner Zeit als Parteivorsitzender kurzfristig und unter fadenscheinigsten Gründen abgesagt hatte. Als ich Olaf Scholz einmal stolz erzählte, dass der Minister Gabriel für den nächsten Neujahrsempfang des *Hamburger Abendblatts*, ein Treffen mit rund tausend geladenen Gästen im Hotel Atlantic an der Außenalster, zugesagt habe, guckte er mich an, als sei ich für einen Chefredakteur zu naiv, und meinte: „Nur weil er sagt, dass er kommt, heißt es nicht, dass er kommt." Gabriel sagte am Morgen des Empfangs ab, gut zwei Stunden, bevor wir mit seinem Eintreffen gerechnet hatten. „Er hat per SMS abgesagt", erzählte ich Olaf Scholz, der als Bürgermeister wie immer pünktlich im Hotel Atlantic erschien. Scholz zuckte mit den Schultern, als sei das nicht eine Ausnahme, sondern völlig normal.

Die Anekdote ist nur ein Beispiel dafür, wie unterschiedlich Spitzenpolitiker sein können, die für die SPD arbeiten. Gabriel und Scholz waren lange Zeit die beiden Pole der Partei, die Distanz spürte man bis zur Bundestagswahl 2021. Wer den ehemaligen Vorsitzenden danach erlebt hat, bemerkte keine überschäumende Freude bei ihm, dass die SPD wieder stärkste Fraktion geworden war. Der Sieg seiner Partei muss sich für Gabriel ein Stück weit wie eine Niederlage angefühlt haben, weil er ausgerechnet auf die Kappe des Mannes ging, den er versucht hatte, so lange wie möglich von der Macht entfernt zu halten.

Scholz und Gabriel haben in den vergangenen Jahren kräftig gegeneinander ausgeteilt, der eine, Scholz, nach der verlorenen Wahl 2017, um die es später in diesem Buch noch ausführlicher gehen wird, der andere, Gabriel, in seinem Buch „Mehr Mut", das sich in Teilen wie eine Abrechnung mit Andrea Nahles und Olaf Scholz liest, dem Team, das ihn mehr oder weniger aus allen Ämtern und schließlich aus der Politik vertrieben hat.

Von nichts kommt nichts. Wer die Vorgeschichte der Parteifreundschaft zwischen Gabriel und Scholz kennt, wundert sich nicht, dass Letzterer am Ende wenig Mitleid mit Ersterem hatte, nicht nur, weil er in ihm einen Hauptverantwortlichen für den Niedergang der SPD sah (und weil es Scholz sicher feige, mindestens wenig verantwortungsbewusst fand, dass Gabriel sich als Parteivorsitzender nie zugetraut hatte, Kanzlerkandidat zu sein). Die Art, wie Gabriel mit dem in der SPD bekanntermaßen lange nicht besonders beliebten Scholz umgegangen ist, hatte teilweise etwas Böses, wie eine Geschichte zeigt, über die die *Süddeutsche Zeitung* berichtete. Sie spielt im Jahr 2012: „Scholz besucht damals mit seiner Frau die Kunstausstellung Documenta in Kassel. Er schlendert durch eine Hotelhalle und stößt an einer Tür auf ein Schild, demzufolge dort der Parteivorstand der SPD tage. Scholz tritt ein und findet sich wieder in der Sitzung einer Arbeitsgruppe, die für die SPD ein neues Rentenkonzept erarbeiten soll. Scholz muss das als Affront auffassen, immerhin ist er der Rentenexperte der Partei. Außerdem gehört er als Parteivize dem Vorstand an. Trotzdem ist er nicht einmal eingeladen. Und wer leitet das Treffen? Gabriel. Später erfährt Scholz noch, dass die Teilnehmer zuvor über ihn gesprochen haben. Als es um ein Detail geht, wendet einer von ihnen ein, ‚der Olaf' habe das als Bundesarbeitsminister anders geregelt. Gabriel erwidert, das sei ihm egal."

Scholz hat diese große und viele kleine Spitzen seinem „Parteifreund" nicht vergessen. Deshalb machte er sich nach der Bundestagswahl 2013 auch keine Illusionen über eine neue Rolle für sich in der Bundespolitik. Scholz schaltete um: Wenn er nicht in die große nationale wie internationale Politik kommen darf, dann muss diese eben zu ihm kommen, nach Hamburg. Nun wäre es vermessen zu sagen, dass die Aufgaben, die er dort von 2013 bis 2017 als Erster Bürgermeister gehabt hat, langweilig und nicht fordernd gewesen seien, das Gegenteil ist richtig. Scholz musste verhindern, dass der Bau der Elbphilharmonie endgültig scheiterte, er musste das Desaster um die bankrotte HSH Nordbank aufarbeiten, er war voll eingebunden in die Hamburger Olympiabewerbung und, und, und. Trotzdem kann man sehen, dass ihm das lokale Regierungsgeschäft von Jahr zu Jahr nicht mehr ausreichte. Scholz wollte mehr, und dass das so war, lässt sich sehr schön an der Matthiae-Mahlzeit belegen.

Die Matthiae-Mahlzeit ist angeblich das älteste noch begangene Festmahl der Welt, es soll zum ersten Mal 1356 stattgefunden haben. Der Hamburger Senat lädt immer an einem Freitag im Februar wichtige Menschen in den Großen Festsaal des Rathauses, der auf einer Fläche von 720 Quadratmetern 540 Gästen Platz bietet. An langen Tischen sitzen Konsuln, Vorstandsvorsitzende, Schauspieler, TV-Moderatoren und Senatoren zusammen, vorn vor Kopf thront der Bürgermeister mit den Ehrenbürgern der Stadt, also Menschen wie Fußballidol Uwe Seeler, Versandhaus-Chef Michael Otto, Ballettikone John Neumeier, Schriftstellerin Kirsten Boie und, erstmals voraussichtlich 2022, Udo Lindenberg. Noch wichtiger sind die beiden Ehrengäste, die neben dem Bürgermeister eine der drei Reden beim Matthiae-Mahl halten dürfen. Das waren in Scholz' Anfangszeit zum Beispiel der ehemalige *Tagesthemen*-Moderator Ulrich Wickert, der einen fantastischen Auftritt hatte, oder Helle Thorning-Schmidt, die Ministerpräsidentin von Dänemark. Irgendwann muss Scholz zusammen mit Wolfgang Schmidt beschlossen haben, dass man bei der Matthiae-Mahlzeit andere Kaliber braucht: Menschen, die die Bedeutung der Stadt und damit auch die ihres Ersten Bürgermeisters unterstrichen. Schmidt setzte seine Netzwerke und Kontakte in Bewegung und es kamen: 2015 Polens Staatspräsident Bronislaw Komorowski und der deutsche Bundespräsident Joachim Gauck, 2016 der britische Premierminister David Cameron und Bundeskanzlerin Angela Merkel und 2017, als Höhepunkt, der damals überall gefeierte Justin Trudeau. Kanadas Premierminister zu Gast bei Olaf Scholz, daneben Außenminister Sigmar Gabriel, der schwer vergrippt war (und trotzdem wie immer eine Rede hielt, die klug und unterhaltsam war). Die Bilder aus dem Rathaus signalisierten: Da spielt einer, der eigentlich nur Bürgermeister ist, bei den ganz Großen mit.

Scholz vorzuwerfen, dass er das alles nur für die eigene Karriere getan hätte, wäre ungerecht. Gerade 2017 war ein Jahr, das für Hamburg von großer Bedeutung war. Es war das Jahr, in dem die Elbphilharmonie eröffnet wurde, die Rolling Stones im Stadtpark auftraten, die Staats- und Regierungschefs aus aller Welt zum G20-Treffen einflogen. Hamburg hatte in diesen Monaten etwas von einer heimlichen Hauptstadt. Immer mittendrin: Olaf Scholz, der die Elbphilharmonie gemeinsam mit Bundeskanzlerin und Bundespräsident einweihen durfte, der dort erst Kate und William empfing und dann die G20. Scholz mit dem britischen Prinzenpaar, Scholz mit Donald Trump, Scholz mit Emmanuel Macron. Es waren Bilder, die eines Bundeskanzlers würdig gewesen wären.

Und tatsächlich hätte sich 2017 erneut die Chance für Olaf Scholz ergeben, sich um das Amt zu bewerben. Er fing schon Ende 2016 an, über die Bundestagswahl im September des kommenden Jahres zu reden, weil er glaubte, dass man dieses Mal, beim vierten Versuch, Angela Merkel schlagen könne. Mit „man" meinte er natürlich sich. Scholz begann in Ansätzen, sich über eine Strategie Gedanken zu machen, obwohl er ernsthaft nicht damit rechnen konnte, dass er Kanzlerkandidat der SPD werden würde. Denn das Vorschlagsrecht lag, wie immer, beim Parteivorsitzenden. Der hieß nach wie vor Sigmar Gabriel und stand vor der Frage, ob er sich nun endlich selbst trauen sollte. Er hätte alles dafür mitgebracht, Merkel in einem Wahlkampf Paroli zu bieten: die intellektuelle Flughöhe, die nötige Aggressivität, begnadete rhetorische Fähigkeiten. Konnte so ein Mann Angst vor der eigenen Courage haben? Oder machte ihm seine Unberechenbarkeit selbst Sorgen, diese Momente, in denen er von der einen auf die andere Sekunde ausflippen und sehr schnippisch werden konnte, ganz gleich, ob die Fernsehkameras gerade liefen und Millionen Menschen zuschauten?

Am Ende entschied sich der SPD-Parteivorsitzende bei der Auswahl des SPD-Kanzlerkandidaten erneut gegen den Mann, den er wie keinen anderen kannte: gegen sich selbst. In den Wochen vor der Entscheidung wurde immer wieder spekuliert, wer es denn werden könnte, wenn Gabriel erneut nicht antreten würde. Der Name, der dabei häufig fiel, klang wie die Hauptperson dieses Buches. Doch es ging nicht um Scholz, sondern um Schulz, am Ende sollte ein Buchstabe den entscheidenden Unterschied machen. Martin Schulz war mehr als 20 Jahre Europapolitiker, von 2012 bis 2017 Präsident des Europäischen Parlaments gewesen. Im Jahr vor der Bundestagswahl hatte er sich entschieden, in die deutsche Politik zurückzukehren. Schulz wollte wie Scholz Bundeskanzler werden und am besten SPD-Vorsitzender noch dazu.

Olaf Scholz hat von dieser Idee nie etwas gehalten, er glaubte schlicht nicht, dass Martin Schulz dem Amt des Kanzlers gewachsen sein würde. Er sah ihn ihm keinen Kontrahenten, vor dem er aufgrund der politischen Fähigkeiten Angst haben müsste, aber er befürchtete, dass diese Einschätzung nicht alle in der SPD teilen würden. Deshalb sprach Olaf Scholz in den Monaten vor der Bundestagswahl offen davon, dass man mit dem richtigen Kandidaten und der richtigen Strategie durchaus gewinnen könnte, und ließ das so klingen, dass den Zuhörenden deutlich wurde: Er, Scholz, hält ihn, Schulz, nicht für den richtigen Kandidaten und eine Strategie sieht er bei ihm auch nicht.

Vielleicht weil seine Einschätzung von Martin Schulz so war, wie sie war, verlor Olaf Scholz bis zuletzt die Hoffnung nicht, dass Sigmar Gabriel sich doch entscheiden könnte, ihm die Kanzlerkandidatur zu überlassen. Schließlich hatte er zwei Jahre zuvor in Hamburg erneut bewiesen, wie man Wahlen glanzvoll gewinnen kann und nur knapp die absolute Mehrheit verpasst. Ein SPD-Politiker, dem gerade vier Prozent zu der Hälfte der Wählerstimmen fehlen – das schien Scholz ein gewichtiges Argument in eigener Sache zu sein. Und tatsächlich spielte Sigmar Gabriel Ende November mit der Hoffnung seines Lieblingsgegners, als er etwa bei einem SPD-Parteitag in Duisburg davon sprach, dass er von Medien immer nur gefragt werde, ob denn nun er oder Martin Schulz Kanzlerkandidat der SPD werde. Das fände er unfair, sagte Gabriel, weil es doch noch einen Dritten gäbe, dem man das Amt zutrauen könnte, dem Olaf Scholz aus Hamburg.

Dort klangen die Worte aus Gabriels Mund zu schön, um wahr zu sein, und es ist davon auszugehen, dass Scholz und sein Umfeld sie richtig einzuschätzen wussten. Als der Bürgermeister eines Tages bei einem Konzert der „Einstürzenden Neubauten" in der Elbphilharmonie per SMS von Gabriel die Vorabinformation bekam, dass er sich für Schulz entschieden habe, war die Enttäuschung trotzdem groß. Scholz war sauer, weil er Schulz wie gesagt für den falschen Kandidaten hielt und weil er befürchtete, dass die SPD bei der Bundestagswahl noch schlechter abschneiden könnte als in den Vorjahren.

Sigmar Gabriel inthronisierte Martin Schulz via Interview mit dem Nachrichtenmagazin *stern*, dessen damaligem Chefredakteur Christian Krug damit ein Coup gelang, und es begann eine ebenfalls einmalige Geschichte. „Die Schulz-Story" hat Markus Feldenkirchen in seinem Bestseller festgehalten, es ist ein Drama in mehreren Akten, das besser begann, als es sich Schulz und Gabriel, der den Posten des SPD-Vorsitzenden räumte und Außenminister wurde, jemals hatten vorstellen können. Schulz wurde mit 100 Prozent zum neuen Parteichef gewählt (das heißt, auch Olaf Scholz muss für ihn gestimmt haben). Es war der Anfang eines kurzen und heftigen Hypes, der zwischenzeitlich in Umfragen gipfelte, in denen die SPD vor der CDU/CSU lag. Am Ende aber kam es so, wie Olaf Scholz es befürchtet hatte: Die SPD erzielte mit 20,5 Prozent das schlechteste Ergebnis bei einer Bundestagswahl. Und wieder hatte vorher niemand auf ihn gehört. Immerhin sollte es das letzte Mal gewesen sein, aber das wusste Scholz Ende 2017 nicht. Oder doch?

Das G20-Desaster
und andere Skandale

Wo Scholz wirklich angreifbar
gewesen wäre

Der 7. Juli 2017 sollte ein einmaliger, ein besonders schöner Tag für Olaf Scholz und Hunderte andere wichtige Menschen aus Hamburg und Deutschland werden. Angela Merkel hatte zusammen mit ihrem Ehemann Joachim Sauer zu einem Konzert im neuen Wunderwerk der klassischen Musik eingeladen, der wenige Monate zuvor eröffneten Elbphilharmonie. Die Kanzlerin hatte sowohl den Dirigenten, Kent Nagano, ausgesucht als auch das Programm, Beethovens 9. Symphonie. Und wirklich alle sollten kommen: der amerikanische Präsident Donald Trump, der französische Präsident Emmanuel Macron, der russische Präsident Wladimir Putin (der für leichte Aufregung sorgen würde, weil er sich deutlich verspätete). Es war der erste Tag des G20-Treffens der mächtigsten Staats- und Regierungschefs in Hamburg, die Welt schaute auf eine Stadt, die bisher international kaum Schlagzeilen gemacht hatte.

Die Tage Anfang Juli 2017 waren die intensivsten, die ich als Chefredakteur des *Hamburger Abendblatts* erlebt habe. Kaum Schlaf, alle Redakteurinnen und Redakteure im Einsatz, rund um die Uhr, verbunden über *WhatsApp*-Gruppen, die sich wie Liveticker lasen, Zeitungen, die sich von der ersten bis zur letzten Seite mit nur einem Thema beschäftigten: G20.

Die Konferenz war bereits Ende 2015 nach Deutschland vergeben worden. Die Bundesregierung hatte sich darum beworben und Angela Merkel bei Hamburgs Bürgermeister Olaf Scholz angefragt, ob man dort, bei ihm, den Gipfel ausrichten könne. Bei der Matthiae-Mahlzeit am 12. Februar 2016 gab Merkel im Rathaus offiziell bekannt, dass die Mächtigsten der Welt sich im Sommer 2017 in Hamburg treffen würden. Kurz zuvor hatte das *Hamburger Abendblatt* exklusiv darüber berichtet, ein hoher Beschäftigter der Stadt hatte sich bei einem Mittagessen verplappert.

Man entschied, dass G20 mitten in der Hamburger Innenstadt einen Platz finden sollte, getagt werden sollte in den Messehallen, die in unmittelbarer Nähe des alternativen Schanzenviertels liegen. Dort hat auch die Rote Flora ihr Zuhause, ein linksautonomes Zentrum in einem ehemaligen, seit 1989 besetzten Theater.

Die Auswahl des Tagungsorts war der erste einer Reihe von Fehlern, die am Ende zu einer Sonderausgabe des *Hamburger Abendblatts* mit Bildern aus eben jenem, brennenden Schanzenviertel und der Schlagzeile führte: „Was habt ihr mit unserer Stadt gemacht?"

Die Sorge vor dem, was bei einem G20-Treffen im Zentrum einer Millionenmetropole passieren kann, war bei den Verantwortlichen vor den heißen Tagen im Juli (es war herrlichstes Sommerwetter) nicht besonders ausgeprägt. Wer Bürgermeister Olaf Scholz zuhörte, musste denken, dass Hamburg solche Veranstaltungen regelmäßig durchführte. Scholz sagte: „Wir richten ja auch jährlich den Hafengeburtstag aus. Es wird Leute geben, die sich am 9. Juli wundern werden, dass der Gipfel schon vorbei ist." Und: „Wir können die Sicherheit garantieren. Wir werden Gewalttaten und unfriedliche Kundgebungsverläufe unterbinden." Außerdem: „Es ist eine gute Sache, dass es diesen G20-Gipfel in Hamburg geben wird."

Das Zitat mit dem Hafengeburtstag, ich erwähnte es bereits an anderer Stelle, wollte Scholz vor allem auf die Verkehrssituation in der Stadt bezogen wissen. Dass am 6. Juli, dem Tag, an dem die meisten Gipfelteilnehmer anreisten, der Verkehr in Teilen Hamburgs so zusammenbrach, dass es Autofahrer gab, die sich fünf Stunden (!) nicht von der Stelle bewegen konnten, hätte eine Warnung vor dem sein müssen, was da noch kommen würde. Meine Frau rief mich damals wutentbrannt an, weil direkt vor ihr und ohne Ansage eine Straße nach der anderen abgesperrt wurde: „Wie kann man so etwas nur so dilettantisch organisieren, wenn man so viel Zeit dafür hat?" Als wir telefonierten, kreisten gerade die Hubschrauber mit und von Donald Trump über unserem Redaktionsgebäude, es war ein spektakuläres und zugleich absurdes Schauspiel, genauso wie die endlose Fahrzeugkolonne des Präsidenten, die später durch die Stadt jagen sollte. Olaf Scholz höchstpersönlich hatte Trump und seine Frau Melania am Flughafen Fuhlsbüttel empfangen, es gibt viele Bilder von der Szene und ein Video, in dem man sieht, wie Scholz nach dem direkten Weiterflug von Trump mit seinem engen Vertrauten Wolfgang Schmidt abdreht und lacht. Gut möglich, dass sich die beiden über Donald Trump lustig gemacht haben. 24 Stunden später war ihnen der Spaß an G20 vergangen.

Als ich am Morgen des 7. Juli nach kurzer Nacht und so früh wie selten in die Redaktion kam, die Einladung zum Konzert in der Elbphilharmonie in der Sakkotasche, liefen auf den Bildschirmen dort Szenen, die mich an einen Bürgerkrieg denken ließen. „Was ist das?", fragte ich die Kollegen im Newsroom, der Nachrichtenzentrale unserer Redaktion. Als ich in ihre Gesichter sah, wusste ich: Das ist Hamburg, genauer gesagt die Elbchaussee im feinsten Teil der Stadt. Dort hatte ein vermummter Mob begonnen, parkende Autos anzuzünden, und zog durch die Straßen, als gäbe es kein Recht und Gesetz mehr und vor allem keine Polizei. Keine Sirenen waren zu hören, keine Einsatzkräfte zu sehen. Stattdessen die Fahrgäste eines Linienbusses mit verstörten Gesichtern, als plötzlich die Randalierer auf sie zukamen. Ein Kollege, der in der Ecke wohnte und die Ausschreitungen live mitbekommen hatte, erzählte uns am Telefon, dass er sich in seiner Wohnung verbarrikadiert habe: „Leute, ich habe echt Angst. Das ist hier außer Kontrolle."

Was hatte Olaf Scholz, der Bürgermeister und Mit-Gastgeber, gesagt? „In Hamburg haben wir Erfahrung mit Demonstrationen, auch mit solchen, deren Anmelder den Satz ‚Ich rufe alle Teilnehmer auf, friedlich zu sein' nicht über die Lippen bringen." Die Polizei habe sich, unterstützt von Beamten aus anderen Ländern, auf alles Wahrscheinliche und Unwahrscheinliche vorbereitet, niemand müsse sich Sorgen machen. Schließlich seien mehr als 30.000 Einsatzkräfte in Hamburg, so viele wie nie zuvor in der Geschichte der Stadt. Verhindern konnten sie das, was an diesem Morgen an der Elbchaussee und später im Schanzenviertel passierte, nicht. Und das fiel am Ende vor allem auf Olaf Scholz zurück, der entgegen sonstiger Gewohnheiten den Mund zu voll, viel zu voll genommen hatte.

Der 7. Juli 2017 wurde für uns alle ein langer Tag, für Olaf Scholz muss es der längste Tag seiner Karriere gewesen sein. All das, was er sich in den Jahrzehnten zuvor aufgebaut hatte, sein Image als vielleicht spröder, aber wenigstens verlässlicher, kompetenter und vertrauenswürdiger Politiker, stand in diesen Stunden, und der Zeit danach, auf dem Spiel.

Olaf Scholz hat gesagt, dass er als Erster Bürgermeister zurückgetreten wäre, wenn es bei den Krawallen im Schanzenviertel, denen die Polizei lange tatenlos zusehen musste, Tote gegeben hätte. So weit ist es nicht gekommen, aber das war auch die einzige erfreuliche Nachricht an einem Tag, an dem Olaf Scholz seine politischen Instinkte verließen. Während sich im Schanzenviertel zusammenbraute, was sich zusammenbraute, stellte sich der Bürgermeister mit Trump, Trudeau, Merkel und Co. zum Gruppenfoto vor der Elbphilharmonie auf. Und setzte sich hinterher mit den Staats- und Regierungschefs in den Großen Saal, um Beethoven zu hören, während ein paar Kilometer entfernt Teile der Stadt in Flammen aufgingen. Er habe ein guter Gastgeber sein wollen, hat Scholz später zu Protokoll gegeben, und dass er das Konzert selbstverständlich nicht habe genießen können (was auch noch schöner gewesen wäre), sondern die ganze Zeit nur die eingehenden Lageberichte aus dem Polizeipräsidium auf seinem Handy verfolgt hätte. Mitten in der Nacht meldete sich der Bürgermeister mit einer Videobotschaft aus der Elbphilharmonie, die so verunglückt wie skurril war. Man sah einen Olaf Scholz, der wie immer versuchte, Ruhe und Gefasstheit auszustrahlen, diesmal aber damit scheiterte, als er Folgendes sagte: „Ich bin sehr besorgt über die Zerstörungen, die stattgefunden haben. Ich bin bedrückt, was viele zu ertragen haben, die die Gewalt unmittelbar erlebt haben, indem zum Beispiel Fahrzeuge oder ihr Eigentum zerstört worden sind, oder sie gesehen haben, mit welcher Brutalität auch gegen Polizistinnen und Polizisten vorgegangen wird. Deshalb möchte ich an dieser Stelle ausdrücklich Dank sagen an die Polizeikräfte in unserer Stadt, die aus Deutschland und aus anderen Ländern angereist sind und die Hamburger Polizei bei ihrer schweren Arbeit unterstützen. Das sind wirklich großartige Leute, sie sind in einem heldenhaften Einsatz unterwegs. Und ich appelliere an die Gewalttäter, mit ihrem Tun aufzuhören und sich zurückzuziehen und die Gewalttaten nicht mehr zu verüben, sondern ein friedliches Miteinander in dieser Stadt weiterhin möglich zu machen."

Ein Regierungschef „appelliert" an Gewalttäter, „mit ihrem Tun aufzuhören". Verzweifelter, aber auch ratloser kann man als Politiker kaum sein. Dies war der Tiefpunkt in Scholz' Karriere, ein Tiefpunkt, der sich in einem etwa 60 Sekunden langen Film manifestiert und der für viele andere in vergleichbarer Position das politische Ende bedeutet hätte.

Ich frage mich bis heute, wie es passieren konnte, dass Olaf Scholz an jenem 7. Juli in die Elbphilharmonie gegangen ist.

Dass er nicht gesehen hat, welche für ihn verheerenden Bilder er damit produzierte, und dass es ihm niemand übelgenommen hätte, wenn er seine Gastgeberrolle Gastgeberrolle hätte sein lassen und dort gewesen wäre, wo in dieser Nacht wirklich die Musik spielte: im Polizeipräsidium, in das er nach dem Konzert schließlich auch gefahren ist.

Man weiß nicht, wie es so weit kommen konnte, aber man kann eine Ahnung davon erheischen, wenn man, wie Olaf Scholz, selbst eine Einladung zu dem Konzert erhalten hatte. Ein Konzert, Seite an Seite mit den mächtigsten Menschen dieser Welt, in der eigenen Stadt, in der Elbphilharmonie. Das ist einer dieser Once-in-a-lifetime-Momente, die man ungern verstreichen lässt. Ich kenne viele, auch Chefredakteure, die im Besitz einer Eintrittskarte waren und mit sich gehadert haben, ob sie nun wirklich hingehen oder sich die Gelegenheit, die mit hoher Wahrscheinlichkeit niemals wiederkommen wird, entgehen lassen. Es war, so viel kann man sagen, keine leichte Entscheidung.

Auch ich habe lange überlegt, aber die Eintrittskarte am Ende dort gelassen, wo sie den ganzen Tag gewesen war, in der Sakkotasche, weil ich das Gefühl hatte, in der Redaktion deutlich dringender gebraucht zu werden als in der Elbphilharmonie. Warum hatte Olaf Scholz dieses Gefühl nicht? War es ihm wichtiger, bei den Großen dieser Welt zu sein (die sich im Zweifel gar nicht um ihn kümmerten), als sich um das Wohl seiner Stadt zu kümmern? Oder hat er die Lage, was auch nicht viel besser wäre, einfach nur falsch eingeschätzt?

So oder so: Die G20-Katastrophe von Hamburg war und ist der große Schatten auf dem politischen Lebenslauf von Olaf Scholz, insbesondere deshalb, weil Einschätzung und Wirklichkeit so eklatant auseinanderklafften und weil diejenigen, die Führung bestellt hatten, sie diesmal nicht bekamen. Wer Schwächen Scholz' thematisieren und ihn dort angreifen will, wo er wirklich verwundbar ist, der spricht über die Juli-Tage des Jahres 2017. Es ist erstaunlich, dass das die politischen Gegner im Bundestagswahlkampf 2021 nicht oder kaum getan haben.

Es wird in einem eigenen Kapitel über die Fehler der anderen zu sprechen sein, die am Ende nicht unmaßgeblich dazu geführt haben, dass die Scholz-Story so ausgegangen ist, wie sich „der Olaf" das gewünscht und vorhergesehen hat. Aber einer sei an dieser Stelle schon einmal genannt: Vor allem die CDU/CSU und die FDP haben bei ihrem Kampf gegen Olaf Scholz auf die falschen Skandale gesetzt. Vielleicht hatten sie gehofft, dass durch eine Aneinanderreihung von Themen wie Cum-Ex, Wirecard und Razzien im Bundesfinanzministerium der Eindruck entstehen könnte, dass der Kandidat der SPD nicht nur von politischen Gegnern, sondern auch von Affären umzingelt ist, und dass man so einen auf keinen Fall ins Kanzleramt wählen darf.

Das Problem war nur: Gerade die Cum-Ex-Geschäfte sind so kompliziert, dass einem nicht einmal Wikipedia dabei helfen kann, sie zu verstehen. Dort heißt es: „Unternehmen schütten ihren Aktionären meist einmal im Jahr Dividende aus. Das ist die Gewinnbeteiligung für die Aktionäre am Unternehmensgewinn. Auf Dividende ist Kapitalertragsteuer fällig. Die Beteiligten verschoben die Aktien innerhalb kurzer Zeit hin und her. Das Ziel dabei war, dass der Staat die Kapitalertragsteuer wieder zurückzahlt. Bei diesen Geschäften wurde die Steuer sogar mehrfach zurückerstattet, teilweise sogar an Beteiligte, die gar keine Steuern gezahlt hatten."

Welche Rolle dabei nun die Warburg-Bank in Hamburg gespielt hat oder gespielt haben soll, was Tagebücher des Bankenchefs damit und mit Bürgermeister Olaf Scholz zu tun haben könnten und wie eigentlich genau der Zwischenstand im Cum-Ex-Untersuchungsausschuss in der Hamburgischen Bürgerschaft ist, war komplex. So komplex, dass nicht einmal Christian Lindner, der sich vor der Bundestagswahl als nächster Bundesfinanzminister anbot, in seinen Vorwürfen gegen Olaf Scholz konkret werden konnte und nur, wie auch im Fall des untergegangenen Finanzunternehmens Wirecard, von „Verantwortungsbereichen" sprach, für die man einstehen müsse: „Herr Scholz hat immer gesagt, wer bei ihm Führung bestellt, bekommt Führung. Wer so selbstbewusst auftritt, muss dann auch Verantwortung übernehmen", sagte Lindner noch wenige Tage vor dem 26. September. Das stimmte, aber dafür waren Cum-Ex und Wirecard die falschen Beispiele, weil Scholz in beiden Fällen bis dahin keine persönlichen Fehler nachgewiesen werden konnten. Bei G20 wäre das ganz anders gewesen. Aber auf die Idee, einem Mann, der Bundeskanzler werden und im Zweifel mit den Regierungschefs der Welt über Krieg und Frieden, Wohlstand und Sicherheit verhandeln will, vorzuwerfen, dass er nicht einmal eine zweitätige Tagung ordentlich organisieren kann, ist niemand gekommen.

Das war Olaf Scholz' Glück. Und ein wenig auch jenes von Angela Merkel. Denn offiziell war nicht Hamburgs Bürgermeister, sondern die Bundeskanzlerin Einladende und Gastgeberin eines G20-Treffens in Deutschland, das zufällig in Hamburg stattgefunden hat. Ihr hat das nicht geschadet. Und Olaf Scholz, ihrem Nachfolger, am Ende auch nicht.

Schulz jetzt!

Der große Plan entsteht

Wenn Kinder nie das machen, was man ihnen sagt, können Eltern ganz schön verzweifeln und wütend werden. Olaf Scholz hat keine Kinder, aber er kennt das Gefühl trotzdem, weil seine SPD lange auf seine gut gemeinten Tipps, Ratschläge und Warnungen nicht gehört hat. Das änderte sich erst, als Scholz Bundesfinanzminister und Vizekanzler und damit der Primus inter Pares der SPD-Minister in der letzten Regierung von Angela Merkel wurde. Es soll Kabinettssitzungen gegeben haben, bei denen die sozialdemokratischen Fachminister immer dann, wenn es knifflig wurde, Hilfe suchend Olaf Scholz angesehen haben, weil der in der Regel eine Lösung oder zumindest einen Hinweis parat hatte.

Aber, wie gesagt: Lange Zeit war das völlig anders, lange war Olaf Scholz, trotz seiner politischen Erfolge, trotz großer Wahlsiege und mehr als ordentlicher Beliebtheitswerte bei den Wählerinnen und Wählern in der SPD einer, der am Rand stand. Man dankte ihm seinen Einsatz für die Sozialdemokratie nicht, bei Wahlen zum Parteivorstand war es in der Regel Scholz, der schlechte Ergebnisse hatte. Ich habe ihn einmal gefragt, ob es ihn nicht geärgert, wenigstens traurig gemacht hätte, wie ihn die Partei, der er so lange angehörte, behandelte. Scholz sagte: „Ich habe durch die SPD viele Möglichkeiten bekommen: Ich war Generalsekretär, Bundesarbeitsminister, Bundesfinanzminister und vieles mehr. Da kann man nicht sagen, dass die SPD mir nicht wichtige Ämter anvertraut hätte. Und ich finde, das zählt." Es war typisch, dass er über die Organisation an sich, über die älteste deutsche Volkspartei, nichts Schlechtes sagte, dafür ist sein Respekt vor der sozialdemokratischen Bewegung und ihren Idealen zu groß. Gleichzeitig besorgte ihn aber die Entwicklung, die seine SPD genommen hatte, seit Gerhard Schröder das Kanzleramt an Angela Merkel verloren hatte. Es verlangte Scholz einiges ab, den Niedergang der Partei bei den folgenden Bundestagswahlen mitzuerleben und trotzdem loyal zur Führung zu sein, der er selbst angehörte.

Doch nach der Wahl 2017 hatte Olaf Scholz genug. Er setzte sich an seinen Computer und formulierte zusammen mit Wolfgang Schmidt und anderen Vertrauten ein kritisches Papier. „Keine Ausflüchte! Neue Zukunftsfragen beantworten! Klare Grundsätze!" stand über den sechs Seiten, die sowohl eine Abrechnung mit der Parteispitze als auch ein Ausblick darauf waren, was kommen könnte und würde, wenn die Sozialdemokraten endlich auf den hören würden, der glaubte, sie wieder zurück in die Regierung zu bringen: auf Olaf Scholz.

Die Thesen aus dem Oktober 2017 lesen sich nicht viel anders als das, was Scholz vier Jahre später im Bundestagswahlkampf sagen sollte. Das zeigt, dass in der Zwischenzeit wenig passiert ist, sowohl in der SPD als auch in Deutschland. Scholz schrieb über Fortschritt und Gerechtigkeit in Zeiten von Globalisierung und Digitalisierung: „Es ist kein Zufall, dass die sozialdemokratischen Parteien in Europa, und generell in allen klassischen Industriestaaten, fast zur gleichen Zeit nicht mehr an frühere Wahlerfolge anknüpfen können. Die sozialdemokratischen Parteien in diesen wirtschaftlich erfolgreichen Ländern stehen vor der Herausforderung, dass die – im Vergleich zu den Jahrzehnten davor – geringere Wachstumsdynamik seit den achtziger Jahren, die Globalisierung und die technologischen Veränderungen, namentlich die Digitalisierung, vielen Bürgerinnen und Bürgern (berechtigte) Sorgen bereiten. Überall weisen die Statistiken sinkende Löhne in den unteren Einkommensgruppen und nicht selten auch stagnierende Einkommen in der Mittelschicht aus.

Die Schere zwischen denen, die am oberen Ende der Einkommensskala stehen, und den unteren Einkommensgruppen geht wieder auseinander, nachdem es bis zum Ende der siebziger Jahre eine lange Zeit umgekehrt war. Langsam, aber unübersehbar nimmt die Hoffnung, dass die Zukunft besser wird, bei Teilen der Bevölkerung ab. […] In dieser veränderten Welt müssen die sozialdemokratischen Parteien plausible Antworten auf die Frage geben können, wie eine gute Zukunft möglich ist, die sich nicht auf die natürlichen Profiteure der Globalisierung und Digitalisierung beschränkt. Die sozialdemokratischen Konzepte müssen deshalb weiterentwickelt werden. Sie müssen gewährleisten, dass der Fortschritt, der mit der Globalisierung und Digitalisierung verbunden ist, auch für die Gesamtheit der Bürgerinnen und Bürger als Fortschritt spürbar wird. Deutschland war immer erfolgreich, wenn es auf den technischen Fortschritt gesetzt hat. Wirtschaftlicher Erfolg wird auch in Zukunft nur so möglich sein. Ein starker und zuverlässiger Sozialstaat ist allerdings die unverzichtbare Bedingung dafür, dass sich niemand deswegen sorgen muss. Gerade wegen der neuen wirtschaftlichen Verhältnisse ist es unabdingbar, die unteren Lohngruppen durch einen substanziellen Mindestlohn abzusichern, der hoch genug ist, um im Alter nicht auf öffentliche Unterstützung angewiesen zu sein. Die Sicherheit, die Tarifverträge und Gewerkschaften in der old economy geschaffen haben, ist auch in der digitalen Ökonomie nötig. Sichere Arbeitsverhältnisse sind auch künftig ein wichtiges politisches Ziel. Männer und Frauen müssen auch endlich für gleiche Arbeit gleich bezahlt werden. Krippen, Kitas, Ganztagsschulen, qualitativ hochwertige Bildungsangebote an Schulen, Berufsschulen und Universitäten sind weitere wichtige Bedingungen für ein gutes Leben in sich rasant wandelnden Zeiten. […] Und das Leben muss auch für Normalverdiener bezahlbar bleiben, deshalb braucht Deutschland gebührenfreie Betreuung und Bildung und bezahlbare Wohnungen."

Das klang wie Scholz' Beiträge aus einem der drei TV-Trielle vor der Bundestagswahl, ähnlich wie der Abschnitt unter der Überschrift „Anerkennung", damals Scholz-Sprech für das, was er heute „Respekt" nennt. Er schrieb: „Die SPD hat immer wieder dafür gestritten, dass nicht Herkunft und Abstammung darüber entscheiden, welche Möglichkeiten sich im Leben der Bürgerinnen und Bürger öffnen. Sie hat sich deshalb stets für gute und allen zugängliche Bildung eingesetzt. Aber die höhere Durchlässigkeit, die unser Bildungssystem bietet, bedeutet keineswegs, dass sich die sozialen Fragen damit erledigt hätten. Nicht nur, weil trotz der größeren Aufstiegsmöglichkeiten heute immer noch eine privilegierte Herkunft Garant für eine sichere Zukunft ist. Sondern auch, weil die höhere Durchlässigkeit, die das Bildungswesen ermöglicht, keineswegs bedeutet, dass alle gleiche Chancen haben. Die großen Fortschritte im Bildungswesen dürfen nicht zu dem Fehlschluss führen, dass eine schwierige soziale Lage selbst verschuldet sein muss. Noch wichtiger ist aber die Einsicht, dass ein gelungenes Leben auch ohne Hochschulabschluss möglich ist und möglich sein muss. Es war wichtig, die von Konservativen aufgestellten Bildungsschranken zu öffnen. Und unverändert gibt es da etwas zu tun. Aber wer Metallbauer, Lagerarbeiter oder Krankenpflegerin werden und das auch bleiben will, hat im Leben nichts falsch gemacht. Die öffentliche Rede der meist akademisch qualifizierten Mittelschichtsangehörigen in Politik und Medien klingt aber manchmal so. Und darin liegt eine Kränkung fleißiger Bürgerinnen und Bürger, die sie auch empfinden. Denn eine Friseurin, eine Postbotin oder ein Altenpfleger findet Bestätigung im Beruf, verrichtet die Arbeit gewissenhaft und hat ein hohes Berufsethos. Die Durchlässigkeit unserer Gesellschaft, dass der Aufstieg möglich ist, bleibt eine wichtige Frage. Aber das heißt nicht, dass jeder und jede die eröffneten Wege auch beschreiten wollen muss. Und der Verweis auf die Durchlässigkeit rechtfertigt nicht, dass sich die Politik etwa nicht dafür engagiert, die wirtschaftlichen und sozialen Perspektiven ungelernter Arbeitnehmerinnen und Arbeitnehmer zu verbessern. Tut sie das nicht, klingt die einst fortschrittliche Forderung nach dem Aufstieg durch Bildung in den Ohren weiter Teile der Bevölkerung nach einem elitären Abgrenzungsmerkmal. Das kann zu gesellschaftlicher Spaltung und auch zur Abwendung von demokratischer Politik führen. Die Einsicht muss also lauten: Anerkennung steht auch denen zu, die keine hoch bezahlten Jobs verrichten. Ihre Anliegen müssen die Anliegen der ganzen Gesellschaft sein – und insbesondere die Anliegen der SPD. […] Als Partei des Volkes muss die SPD eine gesellschaftspolitische Zukunftsvorstellung entwickeln und vertreten, die die Anliegen aufstiegsorientierter Milieus und nicht aufstiegsorientierter Milieus in einem gemeinsamen modernen Projekt zusammenführt."

Die Auszüge zeigen, dass Olaf Scholz im Oktober 2017 die theoretischen Grundlagen für das gelegt hat, was in diesem Buch als die Scholz-Story bezeichnet wird, also für die Geschichte, die ihn und die SPD zurück ins Kanzleramt bringen sollte. Am Ende seines Papieres kam Scholz, geschickt, weil indirekt, auch auf seine Rolle in der Erneuerung der Sozialdemokratie zu sprechen: „Stellt die SPD sich als progressive Volkspartei so auf, dass große Teile der Wählerschaft ihr das Land und die Führung der Regierung anvertrauen mögen, wird sie bei Bundestagswahlen auf neue Erfolge hoffen können. Und deshalb muss die SPD in Fragen der Außenpolitik, der Europapolitik, der äußeren und der inneren Sicherheit, der Wirtschaftspolitik, des Umgangs mit öffentlichen Haushalten aus der Sicht der Bürgerinnen und Bürger im höchsten Maße kompetent sein. Kompetenz ist auch wegen der Migration gefragt, die die europäischen Gesellschaften vor neue Aufgaben stellt. Je unwirtlicher und unsicherer die Welt wird, je mehr wird diese Kompetenzerwartung an Bedeutung gewinnen. Da handelt es sich keineswegs um eine nebensächliche Frage. Wollen viele Bürgerinnen und Bürger, dass die SPD die Regierung führt, kann sie schnell zehn Prozentpunkte zulegen. Dann kann sie auch aus Bundestagswahlen als stärkste Partei hervorgehen und daraus einen Auftrag zur Bildung einer Regierung ableiten." Dreimal erwähnte der Politiker in diesem Abschnitt die Eigenschaft, die ihm schon damals und bis heute wie wenigen anderen Politikern in Deutschland zugeschrieben wird: Kompetenz.

Allein, das hätte nicht gereicht, wenn nach der Bundestagswahl 2017 alles so gekommen wäre, wie es hätte kommen sollen. Wenn der FDP-Chef die Jamaika-Koalition mit der CDU/CSU und den Grünen nicht hätte platzen lassen, wäre die SPD in der Opposition gelandet und hätte sich dort höchstwahrscheinlich ohne Olaf Scholz erneuert, der heute noch Bürgermeister in Hamburg wäre. Doch Christian Lindner fand es besser, nicht zu regieren, als falsch zu regieren, Martin Schulz trat als Vorsitzender der SPD zurück und plötzlich sah sich Scholz, wenn auch nur kommissarisch, an der Spitze der Partei, die ihn von sich aus dort niemals hin gewählt hätte.

Scholz war nach dem Jamaika-Aus einer der großen Befürworter einer Großen Koalition. Er redete viel von staatspolitischer Verantwortung, die die SPD wahrnehmen müsste, wenn schon der Bundespräsident, ein Sozialdemokrat, eindringlich darum bat. Scholz wusste, dass er von der neuen Entwicklung nur profitieren konnte, dass eine Fortsetzung von Schwarz-Rot ihn in eine ideale Ausgangsposition für die Bundestagswahl 2021 bringen könnte. Ab 2018 begannen er und seine Vertrauten, laut darüber nachzudenken, wie das werden könnte, wenn Angela Merkel nicht noch einmal antreten würde. Das war der Kern der Scholz-Story, der Fakt, der ihm am meisten Mut für die eigenen Ambitionen machte. Zum ersten Mal in der Geschichte der Bundesrepublik Deutschland würde sich bei einer Bundestagswahl der Amtsinhaber, in diesem Fall die Amtsinhaberin, nicht zur Wahl stellen. Olaf Scholz war überzeugt, dass das alles ändern würde. Nicht nur, weil der Bonus, den die Rolle der Kanzlerin mit sich brachte, wegfallen würde. Sondern auch, weil niemand der Spitzenkandidaten eine besondere Behandlung für sich beanspruchen könnte. Als Kanzlerin hatte Merkel die Zahl von Spitzenduellen mitbestimmen, TV-Auftritte steuern und Treffen mit anderen Staats- und Regierungschefs als zusätzliche Werbung nutzen können. Wenn all das wegfiele, wenn ein Kandidat der CDU/CSU den Vorteil, die Bundesregierung angeführt zu haben, nicht für sich in Anspruch nehmen könnte, würde in den Wahlkampf eine neue, nie da gewesene Dynamik kommen, durch die sich am Ende auch für eine scheintote SPD neue Chancen ergeben könnten.

Niemand hat die Einschätzungen und Überlegungen, die sich Olaf Scholz zu dem Thema seit 2018 gemacht hat, so gut zusammengefasst wie er selbst. Beim Neujahrsempfang des *Hamburger Abendblatts*, der 2021 erstmals in seiner Geschichte wegen der Corona-Pandemie rein digital stattfand, sagte er: „Ich bin davon überzeugt, dass die SPD in den Umfragen erheblich zulegen kann im Laufe des jetzigen Jahres. Wir haben uns gerade deswegen entschieden, so frühzeitig mitzuteilen, wer der Kanzlerkandidat der SPD sein soll, weil wir wussten, dass wir dazu eine lange Zeit brauchten. Das letzte Jahr haben wir dafür genommen, die SPD auszurichten für die Fragen der Zukunft und das, was im Wahljahr ansteht. Und jetzt werden wir die Zeit nutzen, um auch in den Umfragen voranzukommen. Spannend wird es ja, wenn die meisten Bürger mitkriegen, dass tatsächlich jetzt bald die Wahl ist. Frau Merkel wird nicht wieder kandidieren. Die Situation im nächsten Bundestag wird nicht so sein wie vor 20 Jahren. Die stärkste Partei wird nicht so stark sein wie die stärksten Parteien damals. Und es wird möglich sein, auch mit einem Ergebnis, das sehr deutlich oben in den Zwanzigern liegt,

Bundeskanzler der Bundesrepublik Deutschland zu werden. Das will die SPD mit mir erreichen."

Was Scholz und die Seinen bereits in den Monaten zuvor immer zuversichtlicher gemacht hatte, war die innerparteiliche Situation der Union. Nachdem Angela Merkel ihren Rücktritt vom Amt der CDU-Vorsitzenden erklärt hatte, rechnete Scholz damit, dass es in der Partei wie zuvor in der SPD rumoren würde, dass alte Gräben aufbrechen und noch ältere Rechnungen beglichen werden würden, Stichwort: Friedrich Merz. Während sich die Sozialdemokraten nach jahrelangem Streit hinter dem Kanzlerkandidaten Scholz in einer Geschlossenheit versammelten, wie selbst der es nicht für möglich gehalten hatte, machte die CDU/CSU auf einmal genau die Fehler, über die sie sich eben noch bei der SPD lustig gemacht hatte.

Und Scholz? Der zog durch Stadt und Land und Parteigremien und erzählte seine Geschichte, und wer sie nicht glauben wollte, bekam es mit Wolfgang Schmidt zu tun.

Scholz' Spindoktor

Wie Wolfgang Schmidt eine Geschichte so lange erzählt, bis die Ersten anfangen, sie zu glauben

Manchmal kann eine kleine Geschichte viel über einen Menschen erzählen. Als sich am 3. Oktober 2021 die Unterhändler von SPD, an der Spitze Olaf Scholz, und FDP, an der Spitze Christian Lindner, zu einem ersten, noch vorsichtigen Gespräch trafen, kam einer etwas zu spät. Wolfgang Schmidt, Staatssekretär im Bundesfinanzministerium, hatte für diesen Sonntagnachmittag eigentlich andere Pläne. Der FC St. Pauli spielte in der Zweiten Fußballbundesliga gegen Dynamo Dresden und konnte mit einem Sieg Tabellenführer werden. Ginge es nicht um Deutschland und die nächste Bundesregierung, wäre Schmidt wahrscheinlich im Millerntor-Stadion unweit der Hamburger Reeperbahn gewesen, um seinen Verein anzufeuern. So blieb ihm, der die Ergebnisse des Gesprächs protokollieren sollte, nichts anderes übrig, als das Spiel in seinem Dienstwagen auf einem Laptop zu verfolgen – und zwar so lange, bis St. Pauli 3:0 führte und Schmidt sich sicher war, dass beim Fußball nichts mehr anbrennen konnte.

Wolfgang Schmidt ist als Fußballfan ein Freund der zweiten Liga. Als Spindoktor ist er seit Jahren erstklassig. „Spindoktors" sind Kommunikationsexperten, Politik- und Imageberater, unsichtbare Strippenzieher im Geflecht der Berliner Republik. Das alles trifft auch auf Wolfgang Schmidt zu, vor allem ist er aber die Mensch gewordene Werbetrommel für Olaf Scholz – und ein richtig netter Kerl. Er kennt Scholz seit seiner Zeit als

Generalsekretär, inzwischen ist der eine ohne den anderen, ist Scholz ohne Schmidt und Schmidt ohne Scholz nicht vorstellbar, auch wenn man die beiden gar nicht so oft zusammen erlebt. Das ist Kalkül: Schmidt bereitet das Feld für seinen Chef vor oder bessert hinter ihm nach. Er hält sich im Hintergrund, nicht ganz so dezent wie andere, aber doch so, dass die Aufgabenverteilung gut zu erkennen ist. Dort ist der eine, der Politik macht, hier der andere, der fürs Netzwerken zuständig ist.

Wenn es stimmt, dass Olaf Scholz ein „richtiges politisches Tier ist", wie es der ehemalige, ebenfalls aus Hamburg stammende Bundestagsabgeordnete Johannes Kahrs einmal gesagt hat, dann ist Wolfgang Schmidt ein soziales Tier. Es ist schwer, den Mann mit dem Vollbart und den immer etwas verwuschelten Haaren nicht zu mögen, der Kontakte, die er einmal geschlossen hat, sorgsam hält und pflegt. Gerade, wenn es solche zu Journalisten sind. Schmidt sitzt beim *Bild*-Chefredakteur genauso wie in den Hauptstadtbüros der großen Qualitätszeitungen. Wenn er im Land unterwegs ist, schickt er Journalisten gern eine SMS, ob man sich nicht mal „auf einen Kaffee treffen wolle, bin morgen bei dir in der Nähe". Schmidt duzt sich schnell und viel, er versucht gar nicht erst, mit Menschen auf professionelle Distanz zu gehen, weil diese Distanz in seinem Fall nämlich unprofessionell wäre.

Wolfgang Schmidt, der nach der Wahl Leiter des Kanzleramtes werden sollte, ist also die andere, manche sagen bessere Seite von Olaf Scholz. Und wenn man beide kennt, fragt man sich, wie zwei so unterschiedliche Menschen eigentlich zusammenfinden konnten – oder ob sie eben genau deshalb zusammengefunden haben. Weil der eine das mitbringt, was der andere nicht oder zu wenig hat, weil Wolfgang Schmidt Scholz' Schwächen in zwischenmenschlichen Bereichen überkompensiert.

Dass das schon so lange gutgegangen ist, liegt auch an der Loyalität des Spindoktors zu seinem Chef, die sich in einem Satz zusammenfassen lässt: Wolfgang Schmidt ist Olaf Scholz' aller-, allergrößter Fan. Ja, er macht auch schon mal eine witzig-kritische Randbemerkung über ihn, verbreitet kleine Anekdoten. Aber wenn es ernst wird, wenn es um die Ideen, Botschaften und Strategien von Scholz und darum geht, andere Menschen davon zu überzeugen, dass es keinen besseren Politiker in Deutschland gibt, ist Wolfgang Schmidt in seinem Element. Schmidt hört sich zwar auch Kritik an Scholz ruhig und aufmerksam an, er räumt Fehler und Versäumnisse ein, aber er hört nie auf zu erklären, warum am Ende mit Olaf Scholz alles nur gut werden kann. Und wenn es nicht gut ist, ist es eben noch nicht das Ende.

Man kann sich stundenlang mit Schmidt über Politik unterhalten, er wird auf wundersame Weise nicht müde dabei, auch wenn die Zeit weit fortgeschritten ist und am Morgen schon die nächsten Termine warten. Legendär waren die Nächte nach den Matthiae-Mahlzeiten, als Olaf Scholz noch Bürgermeister in Hamburg und Wolfgang Schmidt Staatsrat war. Wenn der offizielle Teil im Großen Festsaal des Rathauses beendet war, sammelte Schmidt mit kleinen Handzeichen ein paar der Journalisten, die eingeladen waren, ein und brachte sie in das Büro des Bürgermeisters, wo bis tief in die Nacht weiter (Rot-)Wein getrunken und viel geredet wurde. Das war eine dieser Gelegenheiten, Olaf Scholz einmal anders kennenzulernen, entspannter, ohne Krawatte, in langen Zweier-, Dreier- oder Vierergesprächen, die gerade Journalisten, die nicht jeden Tag mit ihm zu tun hatten, signalisieren sollten: Seht her, so kann er auch sein.

Wolfgang Schmidt hat, bei aller Bewunderung für sein politisches Talent, als Berater natürlich mit der Zurückhaltung und Schüchternheit seines Chefs zu kämpfen, was zu skurrilen Szenen führen kann. Als nach dem völlig missglückten G20-Treffen in Hamburg in der Elbphilharmonie ein Dankeschön-Konzert für 2.000 Polizistinnen und Polizisten stattfand, waren sowohl der damalige Bundesinnenminister Thomas de Maizière als auch

Olaf Scholz in seiner Funktion als Bürgermeister eingeladen. Nicht nur, um ein paar Begrüßungs- und Dankesworte im Großen Saal vor dem Auftritt des Pianisten Sebastian Knauer zu sprechen, sondern auch, um direkten Kontakt zu den Beamtinnen und Beamten aufzunehmen, die für die Politik den Kopf hingehalten hatten. Während de Maizière kaum, dass er die Elbphilharmonie betreten hatte, mit den Leuten ins Gespräch kam, mal hierhin und mal dorthin ging, stand Olaf Scholz, sichtlich gezeichnet von den Vorkommnissen der G20-Tage, nur mit ein paar Journalisten herum, die er schon länger kannte. Was Berater Schmidt offenbar nicht gefiel. Der packte Scholz am Arm, schob ihn sanft in Richtung der Polizistinnen und Polizisten, die durch die Elbphilharmonie wuselten, und sagte: „Olaf, du musst mit den Leuten reden."

Wer ein guter Spindoktor ist, kennt die Schwächen seines Klienten und versucht, sie entweder zu verändern, zu erklären oder zu vertuschen. Bei Wolfgang Schmidt kommt noch eine andere Ebene dazu: Er weiß, dass Olaf Scholz auch anders sein kann, als er normalerweise wirkt. Er kann witzig sein, humorvoll, manchmal sogar eine Plaudertasche, wenn man ihn lässt und er Vertrauen in seine Gesprächspartner geschöpft hat. Außerdem ist Scholz wie sein Berater ein Optimist. Es zu zeigen fällt ihm schwer, auch wenn Wolfgang Schmidt seit Jahren daran arbeitet und weiter arbeiten wird.

Und dabei ist er nicht mehr allein. Auf Empfehlung Schmidts wurde 2015 der Journalist Steffen Hebestreit Leiter der Hamburgischen Landesvertretung in Berlin, 2018 wurde er für Scholz Sprecher im Bundesfinanzministerium, 2021 schließlich Regierungssprecher, also Nachfolger von Steffen Seibert. Wenn auf Fotos des Politikers im Hintergrund ein schlanker, großer (Medien schreiben gern: „baumlanger") Mann zu sehen ist, dann ist das mit hoher Wahrscheinlichkeit Hebestreit, der eine neue Lässigkeit in das Team gebracht hat und zusammen mit Schmidt Scholz durch die Öffentlichkeit steuert. Auch Hebestreit ist ein fröhlicher Typ mit einem feinen Humor, wortgewandt ist er dazu. Scholz scheint solche Eigenschaften bei engen Mitarbeiterinnen und Mitarbeitern zu mögen, entweder weil er am Ende selbst doch gern lacht oder weil es die Eigenschaften sind, die ihm fehlen. Sein ehemaliger Redenschreiber, der Hamburger Kultursenator Carsten Brosda, ist auch so ein Typ, schnell im Kopf, lustig und nachdenklich zugleich, ein rhetorisches Ausnahmetalent. Und ein intellektueller Sparringspartner, den Scholz sehr schätzt.

Zum Team Scholz gehört auch der eher im Hintergrund arbeitende Rolf Bösinger und seit der Vorbereitung des Wahlkampfes darüber hinaus jemand, der normalerweise vor allem für die Parteivorsitzenden, für Saskia Esken und Norbert Walter-Borjans, tätig sein sollte: Der neue SPD-Vorsitzende Lars Klingbeil hat sich Scholz' Vertrauen als Organisator seines Wahlkampfes erworben und passt ziemlich gut in die Riege der bisher genannten Männer.

Zumindest besser als einer, der Scholz wenige Wochen vor der Bundestagswahl zwar gegen Vorwürfe verteidigt hat, in Wahrheit aber derjenige war, der viel dafür getan hat, die Scholz-Story zu keinem guten Ende zu bringen. Kevin Kühnert hatte auch einen Plan für die SPD. Doch in dem spielte Olaf Scholz lange Zeit gar keine Rolle, im Gegenteil.

Laschet? Baerbock? Söder?

Scholz' gefährlichster Gegner war Kevin Kühnert

Als Olaf Scholz im Jahr 2018 zusammen mit Wolfgang Schmidt begann, die Legende von seinem Weg ins Kanzleramt zu spinnen, startete auch ein anderer wichtiger SPD-Politiker ein großes Projekt. Der damalige Juso-Vorsitzende Kevin Kühnert nahm das Angebot der NDR-Filmemacher Katharina Schiele und Lucas Stratmann an, sich von ihnen drei Jahre lang mit der Kamera begleiten zu lassen, bis zur Bundestagswahl 2021. Danach sollte die Dokumentation, ein Zusammenschnitt von unkommentierten Szenen aus dem Leben Kühnerts und dem Innenleben der SPD, veröffentlicht werden, ganz gleich, wie die Wahl ausgehen würde.

Bei der SPD hatte man mit solchen Projekten keine besonders guten Erfahrungen gemacht, eigentlich ziemlich schlechte. Spitzenkandidat Martin Schulz hatte sich während des Wahlkampfes 2017 von *Spiegel*-Reporter Markus Feldenkirchen begleiten lassen, wohl in der Hoffnung, der würde seinen Aufstieg zum Bundeskanzler dokumentieren. Es muss während der ungewöhnlichen Recherchen interessante Szenen gegeben haben. Auf jeden Fall berichtete Olaf Scholz, dass nicht nur er überrascht gewesen sei, dass bei parteiinternen Terminen plötzlich ein Journalist mit im Raum gewesen sei, das mache man doch nicht, das sei nicht klug. Schulz verlor die Wahl und wer nach den für den Spitzenkandidaten und sein Team wenig schmeichelhaften Gründen danach suchte, fand sie in Feldenkirchens Bestseller „Die Schulz-Story" zuhauf.

Kevin Kühnert war also gewarnt und dürfte sich des Risikos bewusst gewesen sein, zumal er nicht einem schreibenden Journalisten Einblicke in seinen Alltag und die Realität im Willy-Brandt-Haus gewährte, sondern einem Filmteam. So etwas macht man entweder, wenn man sich seiner Sache ganz sicher oder wenn man süchtig nach Öffentlichkeit ist. „Es sollte nie ein Hype-Film werden, sondern Politik tatsächlich erfahrbar machen", hat Lucas Stratmann vor der Veröffentlichung gesagt. Letzteres ist tatsächlich gelungen, was aber vor allem an der überraschenden Wende der SPD-Geschichte durch Olaf Scholz, seiner Kanzlerkandidatur und seinem Sieg bei der Bundestagswahl liegt. Hätte es die nicht gegeben, wäre der Film eine Hymne auf einen jungen Politiker gewesen, der viel raucht, viel in sein Handy tippt – und dem alles gelingt.

Dabei kann man Kühnert nicht vorwerfen, dass er sich hat feiern lassen. Er wurde gefeiert, auch und immer wieder als Gegenmodell zu Olaf Scholz. Ganz gleich, wo er hinkam, die SPD-Verbände in Stadt und Land wollten den rhetorisch brillanten Jungstar, der eine Stimme wie Justus Jonas von den „Drei Fragezeichen" hat, am liebsten gar nicht wieder gehen lassen. Die Dokumentation zeigt, wie er etwa während der Europawahl 2019 durch die Republik reiste, hier ein Bier trank und dort eine Rede hielt. Dann ging es weiter, zum nächsten Termin, twitternd natürlich. Kühnert war fast immer auf Sendung, wenn er sich nicht mit Parteifreunden oder Wählern traf, dann mit Journalisten. Der Mann machte Stimmung, für eine Erneuerung und den Wiederaufstieg der SPD, von der doch etwas übrig bleiben müsse, „verdammt noch mal", und gegen Olaf Scholz, den Gralshüter der bei den Jusos so verhassten Großen Koalition. Zwei Männer und ihre großen Pläne prallten aufeinander.

Wie einflussreich Kühnert in der SPD damals war, zeigte sich in der Phase, in der die Partei nach dem Rücktritt von Andrea Nahles eine neue Führung suchte. Nachdem Kühnert sich in seinem Sommerurlaub entschieden hatte, nicht selbst zu kandidieren, setzte er alles daran, Olaf Scholz und seine Partnerin Klara

Geywitz zu verhindern. Mittel zum Zweck wurden Saskia Esken und Norbert Walter-Borjans, die sich kurz vor dem Ende der Frist um die Parteispitze bewarben. Dass das Duo von Kevin Kühnert beraten und gesteuert wurde, war kein Geheimnis. Wie krass der Einfluss des Juso-Vorsitzenden war, belegte erst die Dokumentation der NDR-Kollegen. Und sie zeigte auch, wie verachtend Kühnert und seine engsten Vertrauten über den Mann gedacht haben, der heute der vierte Kanzler ihrer Partei ist. Nicht Armin Laschet war der größte Gegner bei Olaf Scholz' Aufstieg vom Außenseiter zum Regierungschef, sondern Kevin Kühnert.

Im Film sitzen Walter-Borjans und Esken in einer Szene wie zwei Schulkinder vor ihrem Lehrer Kühnert, der ihnen diktiert, wie sie in der Auseinandersetzung mit Scholz aufzutreten und was sie in ihren Bewerbungsreden zu sagen haben: „Macht es superstolz beim Einstieg, ihr habt Lust drauf, für euch ist es keine lästige Pflicht", sagt Kühnert, während die Kameras laufen und Esken mitschreibt. Es entspannt sich folgendes Gespräch der drei:

Walter-Borjans: „Das Einzige, was dir immer entgegenschallt, ist: Es darf bloß nicht Olaf machen. Das ist ja der Punkt. Das sind eine Menge und das sind noch mehr als die, die nur für uns sind, die sagen, auf keinen Fall Olaf."

Esken: „Das hört man natürlich überall, das sind die Engagierten, die wir kennen, von denen wir wissen, wie sie abstimmen. Aber das wissen wir halt leider von den vielen, die zu Hause auf dem Sofa sitzen, nicht so genau. Und die reagieren auf diese Angstkampagne, auf dieses: Wir können doch nicht unseren Vizekanzler beschädigen. Das ist doch auch einer der beliebtesten Politiker und so weiter … Das ist die Angstkampagne, die da funktioniert."

Kühnert: „Angstszenarien zurückweisen. Unsere SPD arbeitet nicht mit Angst."

Walter-Borjans: „Ich bin ziemlich sicher, wenn wir SPD-Vorsitzende würden und ein Stück Glaubwürdigkeit zurückbrächten, hätten wir auch wieder Chancen, Wahlergebnisse zu kriegen, die in Aussicht stellen, dass wir eine Regierung führen …"

Kühnert: „Ihr würdet sonst nicht kandidieren."

Walter-Borjans: „Wenn Olaf jetzt in den letzten Tagen immer erzählt, ich redete die SPD klein … Er ist einer der Köpfe, die dafür stehen, dass sie klein geworden ist."

Kühnert: „Ihr habt Lust, Lust, Lust, Lust (er zieht die Mundwinkel nach oben). Spielt den Vorteil ihm gegenüber aus. Lasst es euch anmerken … Und wenn er anfängt mit Schlechtreden: Deshalb steht ihr hier, weil ihr es nicht von der Seitenlinie kommentieren wollt, weil ihr es besser machen wollt und glaubt, es zu können."

Der Rest der internen Suche nach einem Vorsitzenden-Duo der SPD ist Geschichte, wobei nicht ganz: Im Film war zu sehen, wie Kühnert am Tag der Stichwahl zwischen Esken/Walter-Borjans und Scholz/Geywitz eine Mitteilung bekam, in der stand, dass die anderen gewonnen haben. „So viel zu nicht zu früh freuen", sagte er seinen Vertrauten und die guckten, als sei die SPD gerade bei einer Bundestagswahl an der Fünf-Prozent-Hürde gescheitert. Die Mitteilung entpuppte sich wenig später als falsch, Walter-Borjans und Esken gewannen, und als die Nachricht offiziell war, brach im Büro von Kevin Kühnert eine Stimmung zwischen Freude und einem Haben-wir-das-wirklich-getan-Gefühl aus. „Es ist bestätigt", sagte Kühnert, dem sofort eine Mitstreiterin um den Hals fiel. Er fing an zu lachen, drückte andere Kollegen an sich, schaute immer wieder auf sein Handy, als könne er nicht glauben, dass er es und was er gemacht hatte. Die Jusos hatten den Machtkampf in der SPD entschieden, zumindest aus ihrer Sicht. Als Saskia Esken wenig später im Fernsehen auf die Frage, wann sie wirklich sicher gewesen sei, dass sie den Mitgliederentscheid gewinnen würden, antwortete: „Als ich das Ergebnis gehört habe", war das Gelächter in Kühnerts Büro groß. „Aaaach", sagte der Juso-Chef, der wenig später stellvertretender Bundesvorsitzender der SPD werden sollte, „es wird alles sehr schwierig, aber wir werden auch viel Spaß mit ihr haben."

Kühnert konnte zu diesem Zeitpunkt nicht wissen, wie recht er auch mit dieser Einschätzung haben sollte. Für den Moment sah es aus, als habe er es seinem großen Gegenspieler gezeigt, als habe er Olaf Scholz ein für alle Mal aus dem Spiel genommen. Es war der wahrscheinlich kritischste Punkt der Scholz-Story, der Augenblick, in dem der große Kanzlerplan auf der Kippe stand. Dass Scholz am Ende auch diese Phase überstanden, dass er seinerseits Kevin Kühnert ausgetrickst hat, ist, je nach Standpunkt, ein Wunder oder eine Meisterleistung.

Scholz dachte nämlich nicht daran, seine Ambitionen auf das Kanzleramt aufzugeben. Aus seiner Sicht hatte sich an der für ihn günstigen Ausgangslage nichts geändert; dass er auf dem Weg zur Bundestagswahl 2021 Parteivorsitzender wird, hatte er schließlich nicht einkalkuliert. Also gab Scholz den fairen Verlierer und bereitete nun seinerseits heimlich und in kleineren Runden die Kanzlerkandidatur vor. Mit dem Unterschied zu Kevin Kühnert, dass Scholz kein Kamerateam dabei hatte …

Es gelang, diejenigen, die eben noch so böse über ihn geredet hatten, also Saskia Esken und Norbert Walter-Borjans, auf seine Seite zu ziehen. Sei es, weil Scholz als Bundesfinanzminister in der beginnenden Corona-Pandemie wie kein anderer SPD-Politiker plötzlich wieder im Scheinwerferlicht stand, sei es, weil seine Popularitätswerte über sämtliche Fragen erhaben waren. Oder sei es, weil er ausstrahlte, dass er es wirklich wollte, dass er bereit war, alles dafür zu tun, die SPD zurück ins Kanzleramt zu bringen. So einen gab es in der Partei weit und breit nicht und deshalb stimmte die Führung, stimmten Norbert Walter-Borjans und Saskia Esken Scholz' Plänen zu. Allerdings ohne, und das zeigt, wie Politik eben auch sein kann, ihren Förderer Kevin Kühnert in diesen Prozess einzubeziehen oder ihn überhaupt darüber zu informieren.

Dass Olaf Scholz, ausgerechnet Olaf Scholz, der nächste Kanzlerkandidat der SPD werden sollte, erfuhr Kühnert bei einer Telefonschalte des SPD-Präsidiums und es ist ein Glück, dass die Kameras des NDR wiederum dabei waren.

Man hört Saskia Esken, die sagt: „Wir wollen euch heute empfehlen, mit Olaf Scholz als unserem Kanzlerkandidaten in die Bundestagswahl zu gehen."

Kühnert zieht die Augenbrauen hoch, von anderswo hört man Applaus. In Kühnerts Büro, in dem drei Mitarbeiter die Sitzung mit anhören, ist es ruhig.

Esken erteilt Kühnert das Wort. Der sagt: „Hallo auch von mir, vielen Dank. Das kommt ja jetzt doch vom Zeitpunkt ein bisschen überraschend. Ich kann verstehen, aus welchen Erkenntnissen der Vergangenheit heraus so ein Zeitplan entsteht. Ich sage aber auch in aller Ehrlichkeit dazu: Meinen Job macht das gerade nicht leichter. Der Endorphinspiegel ist vielleicht nicht in allen Teilen der Partei gleichermaßen ausgeprägt wie hier in der Runde. Es wird sowieso die Suche losgehen nach dem ersten möglichen Juso-Kreisverband, der sich äußert und das möglichst deftig. Das bedeutet viel Kommunikationsarbeit … Ich hoffe und gebe mein Bestes dafür, dass das so weit funktioniert. Aber das ist jetzt schon ein kleines Brett, das ihr uns dahingeworfen habt."

Esken: „Vielen Dank an euch alle. Dann würde ich jetzt gerne tatsächlich zur Beschlussfassung kommen. Wir schlagen also Olaf Scholz als unseren Kanzlerkandidaten vor. Gibt es Gegenstimmen?"

Kühnert schaut bewegungslos auf sein Telefon.

Esken: „Gibt es Enthaltungen?"

Kühnert starrt weiter.

Esken: „Ich höre nichts, insofern gehe ich davon aus, dass wir tatsächlich, lieber Olaf, einstimmig beschlossen haben, dass du unser Kandidat bist."

Kühnert mit bitterer Stimme: „Ja, jetzt ist auch erst mal genug gefeiert."

Kurz darauf zeigt der Film Olaf Scholz, Norbert Walter-Borjans und Saskia Esken in einem Fernsehbeitrag.

Scholz: „Ich freue mich über die Nominierung und ich will gewinnen."

Walter-Borjans: „Er ist unser Kandidat, wir sind ein gemeinsames Team."

Esken: „Wir wissen, dass er mit uns die Vision einer gerechten Gesellschaft teilt und dass er ein Teamplayer ist."

Und noch mal Scholz: „Wir haben das sehr frühzeitig besprochen und noch lange geheim gehalten, was in der SPD gar nicht so oft gelingt, und deshalb ist es auch ein sehr gutes Zeichen gewesen, dass wir wussten, was wir tun werden, es aber für uns behalten haben."

Dieser Satz las sich wie eine Botschaft an Kevin Kühnert, das Foto, das von der Vorstellung des Kanzlerkandidaten verbreitet wurde, tat sein Übriges. Auf ihm sind Scholz, Walter-Borjans, Esken, Lars Klingbeil und Rolf Mützenich, der Fraktionsvorsitzende im Deutschen Bundestag, zu sehen. Der *Focus* schrieb über das Duell der beiden Gegenpole der Sozialdemokratie: „Kühnert mag ein harter Brocken sein – Olaf Scholz ist aus Granit."

Kühnert war aber nicht nur ein harter Brocken und raffinierter Strippenzieher, er war auch sehr jung und zu sehr Politprofi, als dass er mit der neuen Situation lange gehadert hätte. Vom Scholz-Kritiker wurde er zum Scholz-Unterstützer, etwa, als er den SPD-Kanzlerkandidaten in der Sendung *Anne Will* kurz vor der Wahl vehement gegen Vorwürfe von CDU-Generalsekretär Paul Ziemiak verteidigte. Der hatte mehr oder weniger den Untergang Deutschlands vorhergesagt, wenn Olaf Scholz erst einmal ein Bündnis mit den Grünen und der Linkspartei eingehen würde. Kühnerts Replik wurde ein Hit in den sozialen

Medien. Sie lautete, an Ziemiak gewandt: „Das war alles sehr herzergreifend, aber natürlich grandioser Quatsch, den du hier vorgetragen hast. Wenn das die Verteidigungslinie sein soll in diesem Wahlkampf, dann gute Nacht, Marie". Und weiter: „Wer jetzt ernsthaft glaubt, dass mit Olaf Scholz, ich wiederhole: Olaf Scholz, die kommunistische Gewaltherrschaft in Deutschland einzieht, dass der mit der roten Fahne bald durch den Bundestag läuft, der ist ein bisschen falsch gewickelt."

Auch sonst fand Kevin Kühnert schnell zu alter Stärke und Selbstbewusstsein, ließ sich dabei filmen, wie der Kanzlerkandidat ihn anrief („Hallo Olaf") und wie er mit Olaf Scholz Wahlkampf machte: „Ich darf jetzt den Mann ankündigen, der gelegentlich schlumpfig grinst, aber nie an der unpassenden Stelle lacht. Begrüßen Sie, begrüßt ihr zusammen mit mir den Kraftriegel des Bundestagswahlkampfs 2021 in Deutschland. Herzlich willkommen, Olaf Scholz!"

Der Hintergrund des Sinneswandels ist schnell erklärt: Kevin Kühnert hatte, bei aller innerparteilichen Opposition zu Scholz, großes Interesse daran, dass die SPD bei der Bundestagswahl so gut wie möglich abschneidet. Erstens, weil er sich wirklich Sorgen um die Partei machte. Zweitens, weil er zum ersten Mal selbst für den Deutschen Bundestag kandidierte. Und drittens, weil das mit ihm auch jede Menge andere Genossinnen und Genossen im Juso-Alter taten. Je besser Olaf Scholz also mit seinen hohen persönlichen Zustimmungswerten die SPD in Umfragen nach oben zog, je größer wurde die Wahrscheinlichkeit, dass viele junge Leute, viele ehemalige Weggefährten des inzwischen unter Tränen von seinem Amt zurückgetretenen Juso-Vorsitzenden ins Parlament kommen. Am Ende wurden es 48, welch Ironie der Parteigeschichte: Der Mann, den die Jusos bekämpft haben wie keinen anderen, sorgt dafür, dass sie ein Viertel der neuen SPD-Fraktion im Deutschen Bundestag stellen.

„Ich habe noch nie eine Wahl verloren"

Merkels Werber wechselt die Seiten

Der erste Mensch, der den Sieg von Olaf Scholz bei der Bundestagswahl vorausgesagt hat (und der nicht Olaf Scholz oder Wolfgang Schmidt hieß), war ein Werber. „Ich habe noch nie mit einer Partei eine Wahl verloren, für deren Werbekampagne ich verantwortlich war. Deshalb gehe ich fest davon aus, dass die SPD nach der Bundestagswahl den Kanzler stellen wird, und der heißt Olaf Scholz." Das erklärte Raphael Brinkert im März 2021, die SPD hatte in Umfragen nicht einmal halb so viele Stimmen wie die CDU/CSU, 15 Prozent, mehr schien nicht drin. Und Brinkert, der vielfach ausgezeichnete Werber aus Hamburg, klang wie sonst nur der Mann, den er so gut wie möglich für die Wahl in Stellung bringen sollte. Wie Olaf Scholz war er davon überzeugt, dass „die Karten neu gemischt werden, wenn Deutschland klar wird, dass Angela Merkel nicht mehr antritt".

Es stimmte, dass Brinkert als Werber noch nie eine Wahl verloren hatte. Allerdings hatte er auch noch nicht für die SPD gearbeitet. Der Kreative stammt ursprünglich aus Haltern am See, einer strukturell eher konservativ geprägten Region, und hat zweimal im Wahlkampf der CDU/CSU mitgemischt: 2017, als Angela Merkel zum vierten Mal die Bundestagswahl für sich entschied, und 2019, als die Union stärkste Partei bei der Europawahl wurde. Brinkert war Merkel-Fan, zwischenzeitlich sogar Mitglied der CDU. Wegen der Vorkommnisse nach der Landtagswahl in Thüringen 2020, bei der CDU-Abgeordnete gemeinsam mit AfD-Politikern stimmten und den FDP-Mann Thomas Kemmerich zum Ministerpräsidenten wählten, trat

Brinkert wieder aus der Partei aus. Eine Entscheidung, die indirekt auch Folgen für den Wahlkampf der CDU/CSU hatte. Denn für den stand der Werber 2021 nicht wieder zur Verfügung, und wenn man allein seine SPD-Plakate mit denen der Union, die der FDP-Vorsitzende Christian Lindner als „etwas ältlich" bezeichnete, vergleicht, war das ein echter Nachteil.

Raphael Brinkert wechselte also die Seiten, obwohl er das vielleicht, was den Spitzenkandidaten angeht, gar nicht so empfunden hat. Scholz' Idee, dass die Wählerinnen und Wähler nach dem Ende der Ära Merkel gern jemanden im Bundeskanzleramt hätten, der so ähnlich ist wie die 16 Jahre lang Regierende, gefiel dem Werber. Als Lars Klingbeil bei Brinkert anfragte, ob er sich an dem Agenturwettbewerb beteiligen wolle, sagte der sofort zu: „Für uns war das Ehre und Verantwortung zugleich." Man präsentierte vor den Vorsitzenden Saskia Esken und Norbert Walter-Borjans, Rolf Mützenich, Olaf Scholz und eben Klingbeil. Gerade mit Letzterem, dem Verantwortlichen für den Wahlkampf im Willy-Brandt-Haus, verstand sich Brinkert von Anfang an gut. Monate später, am 27. September 2021, würde er ein Foto posten, dass die beiden Männer auf dem Fußboden sitzend zeigt, Schulter an Schulter. Brinkert hat eine Flasche Bier in der Hand, Klingbeil ein Glas Wein neben sich. Sie lachen, strecken die Beine von sich, sehen aus wie zwei Menschen, die es geschafft haben. Brinkert schrieb: „Wenn du nicht nur die Wahl, sondern auch einen echten Freund gewinnst. Danke für dein Vertrauen, Lars Klingbeil."

Bedanken musste sich aber vor allem die SPD. Denn die bekam mit Brinkert nicht nur jemanden ins Wahlkampfteam, der wusste, wie sich Erfolge anfühlen. Er hatte auch ein Konzept für die kommunikative Auferstehung der Partei, an die sie in Teilen selbst kaum noch glaubte. „Wenn es uns gelingt, überzeugend zu kommunizieren, wofür die SPD steht, wird sie ein Comeback starten. Das Kernproblem der Partei war ja in den vergangenen Jahren nicht ihre Politik, sondern die Kommunikation", sagte Brinkert mir im März 2021 und begründete das wie folgt: „Die SPD hat viel zu oft Gattungsmarketing, also allgemeine Werbung für Politik, gemacht und viel zu selten gesagt, was sie konkret geleistet hat. Mindestlohn, Lieferkettengesetz, das Gute-Kita-Gesetz. An vielen Stellen steckt sehr viel Sozialdemokratie in wichtigen neuen Gesetzen, aber kaum jemand weiß das. Das müssen wir ändern und überzeugende Inhalte auch überzeugend und öffentlichkeitswirksam für die SPD besetzen."

Brinkert begann, weit vor der Bundestagswahl, mit dem, was wirklich jeder von der Partei kennt und was nun einmal ihr Kern ist. Den drei Buchstaben: S, P, D. Sie stehen für Sozialdemokratische Partei Deutschlands, Brinkert übersetzte sie in ein Wahlversprechen. Es lautete: Soziale Politik für Dich. Das war der Überbau, dem sich alles andere unterzuordnen hatte, auch der Wahlkampfauftritt von Olaf Scholz. Wer sich fragt, warum dessen Slogan ausgerechnet „Scholz packt das an" lautete, obwohl Scholz so anpackend nun auch wieder nicht war, weiß jetzt, warum.

Wahrscheinlich war die Farbe der Plakate sowieso wichtiger als dieser oder jener Slogan. Brinkert entschied sich gemeinsam mit Klingbeil für ein kompromissloses Rot, von dem sich das schwarz-weiße Porträt des Kandidaten perfekt abhob. So perfekt, dass selbst Christian Lindner zugeben musste, dass die SPD 2021 die besten Plakate habe, wobei seine, ebenfalls in Schwarz-Weiß, so schlecht auch nicht waren. Zumindest dürfte es kein Zufall sein, dass die drei Parteien, die bei der Bundestagswahl Stimmen gewonnen haben, auch die waren, die das meiste Lob für ihre Wahlkampagnen erhielten. Wobei die Reihenfolge auch hier eindeutig war: SPD vor FDP und Grünen. Die Plakate der CDU/CSU wirkten dagegen wie aus der Zeit gefallen. Immerhin war deren Botschaft dadurch eindeutig: Wenn ihr uns wählt, bleibt alles so, wie es war. Das wollten die Deutschen, die bekanntermaßen grundsätzlich Veränderungen skeptisch gegenüberstehen, dann doch nicht.

Raphael Brinkert hatte es mit Olaf Scholz, der dem Werber die passende, nämlich seine Story gleich mitlieferte, deutlich leichter als die Männer und Frauen, die bei der CDU/CSU einen Wahlkampf rund um Armin Laschet organisieren mussten. Warum er so sicher sei, dass sein Kandidat am Ende die Nummer eins sein würde, erklärte Brinkert wie folgt: „Olaf Scholz war nicht nur Bürgermeister von Hamburg, sondern auch Arbeits- und Sozialminister, Finanzminister und Vizekanzler. Er hat bewiesen, dass er auf nationaler Ebene regieren kann, und er hat als Arbeitsrechtler bewiesen, dass er lieber Anwalt der Menschen als der von Steueroasen ist. Olaf Scholz steht für eine Politik, die niemanden zurücklässt – und darauf wird es in den 20er-Jahren ankommen. Wir haben nicht die Zeit der Stammtischredner oder der Lautsprecher, sondern die Zeit der fleißigen Arbeiter, die mit großer Akribie Probleme nachhaltig lösen. Das hat er nicht nur bei der Elbphilharmonie, sondern auch bei nationalen Themen wiederholt bewiesen." Und weiter: „Als ich bei der Europawahl für Angela Merkel und die CDU gearbeitet habe, ging es darum, völkische Parteien zu verhindern, jetzt geht es darum, ein Konzept für die Zukunft zu entwickeln. Es gibt ein Leben nach dem Lockdown und für dieses hat die SPD mit ihrem Programm sehr vielversprechende Inhalte und Argumente, die das Leben der Mehrheit der Menschen in unserem Land positiv beeinflussen."

Hinterher sei man immer klüger, heißt es, das gilt normalerweise für Politiker genauso wie für Journalisten und Werber. Für Brinkert und „seinen" Olaf Scholz galt das nicht. Sie waren hinterher, also nach der Bundestagswahl, nicht klüger, weil sie vorher ziemlich genau vorhergesagt hatten, wie es kommen würde. „Bei diesem Wahlkampf war bereits früh erkennbar, dass die einen vieles und die anderen weniges richtig machten", schrieb der bekannte Werber Jean-Remy von Matt dazu in einem Beitrag für den *Spiegel*. Werbung basiere sehr vereinfacht auf drei Säulen: „einem wettbewerbsfähigen Produkt, einer zentralen Botschaft, die überzeugt oder ein Gefühl trifft, und einer aufmerksamkeitsstarken Inszenierung." Wenn das stimmt, dann hatte die SPD alles drei: das Produkt Olaf Scholz, mit der Botschaft Respekt und einem Werber Raphael Brinkert, der all das so in Szene setzte, dass es am Ende gar nicht mehr nach einer Partei aussah, die nicht gewinnen kann.

Keine Krawatte, kein Alkohol, viel Sport

Der neue Olaf Scholz

Es war im März 2021, als Olaf Scholz beschloss, keinen Alkohol mehr zu trinken. Nun war er in seiner politischen Karriere keiner, der viel oder gar zu viel trank, aber ein Wein am Abend, den er normalerweise sowieso in Gesellschaft verbrachte, war durchaus üblich. Wobei Scholz darauf achtete, nie mit einem Glas in der Hand fotografiert zu werden, und Fotografen auch deutlich darauf hinweisen konnte, keine Bilder von ihm beim Essen oder Trinken zu machen.

Die Entscheidung, auf Alkohol zu verzichten, ging mit dem Vorsatz einher, so wenig Zucker wie möglich zu sich zu nehmen und keine Abstriche beim Sport zu machen. Zu dem hatte Scholz erst nach seinem 40. Geburtstag gefunden, als seine Frau Britta Ernst ihn ermahnte, dass er etwas für sich tun müsste. Wie das Frauen eben so machen, wenn ihre Männer in die zweite Lebenshälfte eintreten, das aber selbst nicht wahrhaben wollen. Scholz begann in Hamburg zu rudern, gern frühmorgens auf der leeren Alster, und zu laufen. Ersteres ist für einen Spitzenpolitiker relativ einfach zu organisieren, weil die Sicherheit auf einem gut zu überschauenden Gewässer besser gewährleistet werden kann als bei einer Joggingrunde. Die musste sorgfältig geplant werden. Wenn Scholz laufen ging, mussten immer ein paar Personenschützer mit, ob sie wollten oder nicht, Treffpunkt gern um sechs oder sieben Uhr, denn danach hatte er in der Regel keine Zeit. Als Hamburger Bürgermeister joggte Scholz oft an der Elbe entlang, manchmal fuhr ein Wagen hinterher, um ihn nach acht oder zehn Kilometern einzusammeln und zurückzubringen. Im Bundestagswahlkampf lief Scholz in allen Teilen der Republik, wo und wann es gerade in seinen Terminkalender passte. Von einem Lauf gab es ein Video, Zufall oder nicht. Journalistenkollegen konnten den Kanzlerkandidaten filmen, wie er ausgerechnet durch Düsseldorf rannte, in bester Laune und sichtbar in bester Verfassung. Düsseldorf ist die Hauptstadt von Nordrhein-Westfalen, wo der Ministerpräsident damals Armin Laschet hieß. Scholz lief ihm, im wahrsten Sinne des Wortes, davon.

Kein Alkohol, wenig Zucker, viel Sport: Was sich Scholz persönlich für das Wahljahr 2021 verordnete, zeigt, wie ernst er die Mission Kanzleramt nahm und dass er sich hinterher nicht vorwerfen lassen wollte, nicht wirklich alles dafür getan zu haben. Nun ist Olaf Scholz Zeit seines Lebens ein disziplinierter Mensch gewesen – anders hätte er das Arbeitspensum, das die verschiedenen Positionen mit sich brachten, auch nicht bewältigen können. 2021 hat der 63-Jährige es auf die Spitze getrieben, weil er wusste, dass er nur diese eine Chance noch haben würde, Kanzler zu werden. Es musste diesmal klappen, am 26. September 2021, oder Scholz' politische Karriere wäre vorbei, aus seiner Sicht unvollendet. Das wollte er nicht, dagegen wollte er alles tun.

Dieser Wille hat Scholz von seinen direkten Konkurrenten im Kampf um das Kanzleramt, von Armin Laschet und Annalena Baerbock, unterschieden. Während man beim CDU/CSU-Mann den Eindruck bekommen konnte, dass es gar nicht darum ginge, ob er unbedingt Kanzler werden wolle, weil er das qua Parteizugehörigkeit automatisch werde, wirkte die grüne Spitzenkandidatin fast wie befreit, als sich abzeichnete, dass es für ihre Kanzlerschaft auf keinen Fall reichen würde. Scholz dagegen strahlte die ganze Zeit des Wahlkampfes aus: Ich will gewinnen, ich will, ich will. Das haben die Wählerinnen und Wähler gemerkt.

Und sie haben gemerkt, dass dieser Olaf Scholz, der Kanzler-kandidat, sich auch sonst verändert hatte. Nicht so, dass man ihn nicht hätte wiedererkennen können, aber doch so, dass all diejenigen, die ihn schon lange beobachteten und erlebten, es deutlich registrierten. Scholz war in der Vergangenheit sehr stolz darauf gewesen, Scholz zu sein, er war sich bewusst treu geblieben. Auch wenn Berater immer wieder darauf hingewiesen haben, dass er als Politiker (noch) erfolgreicher sein könnte, wenn er mehr aus sich herausgehen würde, so weit das eben möglich ist für einen, der so ist, wie er ist. Man hat ihn oft gefragt, ob er öffentlich nicht mehr Empathie zeigen könnte, aber das ist ein heikles Thema bei Olaf Scholz. Er glaubt, dass Gefühle bei politischen Entscheidungen nichts verloren haben und dass die Menschen von Politikerinnen und Politikern erwarten, darauf zu verzichten.

Trotzdem hat er sich 2021 verändert. Optisch, um mit Oberflächlichkeiten anzufangen, die aber von Bedeutung sind, wenn man sich als Wählerin und Wähler zwischen Menschen entscheiden muss. Scholz hat vor (und für) die Bundestagswahl abgenommen, wie viel, erkennt man erst, wenn man ein Foto aus dem Jahr 2021 und eines aus seiner Zeit als Hamburger Bürgermeister nebeneinanderhält. Da sei er, rückblickend betrachtet, fast ein bisschen pummelig gewesen, sagte eine Journalistenkollegin nach der Wahl einmal zu mir. Das ist ein bisschen gemein, richtig ist aber, dass Scholz' Gesicht dünner geworden war und dass seine Hemden anders saßen. Er wirkte dadurch älter, als er mit ein paar Kilogramm mehr aussehen würde, aber er wirkte auch deutlich dynamischer und zupackender. Beides war wichtig im Wahlkampf, weil Scholz mit seinen 63 Jahren der älteste Kandidat war. Laschet ist Jahrgang 1961, Baerbock Jahrgang 1980.

Um nicht falsch verstanden zu werden: Olaf Scholz hat sich die Alkoholabstinenz und das Sportprogramm nicht verordnet, um anders oder besser auszusehen. Er ahnte als erfahrener Wahlkämpfer voraus, was auf ihn zukommen würde. Wahlkämpfe verlangen Politikern physisch und psychisch alles ab, zumal wenn sie wie Scholz noch Vizekanzler und Bundesfinanzminister sind. Oder, wie er es einmal sagte: „Ich muss nebenbei auch noch arbeiten." Diese Doppelbelastung hält nur aus, wer gesund lebt und auch sonst etwas für seinen Körper tut.

Genauso wichtig sind eine gute Konstitution und Kondition für die Konzentration eines Politikers. Sie kann, wie wir 2021 erlebt haben, mitentscheidend für Sieg oder Platz sein. Überall lauerten politische Konkurrenten oder Journalisten darauf, dass der Kandidat oder die Kandidatin ein falsches Wort sagte, einen Satz, der miss- oder überinterpretiert werden konnte. Als Wahlkämpfer musste man nicht nur 14 bis 16 Stunden pro Tag auf den Beinen, man musste auch sehr, sehr wach sein. Die große Kunst auf dem Weg zur Macht war, möglichst wenig Fehler zu machen. Scholz ist das gelungen, weil er, anders als Armin Laschet und Annalena Baerbock, immer Herr der Lage und im wahrsten Sinne des Wortes ausgeschlafen war.

Mit anderen Veränderungen hat er sich schwerer getan. Wenn Olaf Scholz bei einem Wahlkampftermin eine Bühne betrat, dann wirkte das immer noch leicht unbeholfen, oder, um Markus Söder zu zitieren, „schlumpfig". Die großen Gesten liegen Scholz nicht, daran wird sich nichts ändern und, siehe Ergebnis vom 26. September, das muss es auch nicht. Immerhin hatte er im Wahlkampf einen neuen Sound bei seinen Reden gefunden, die immer noch nicht mitreißend, aber meist auf den Punkt waren, mit klaren Botschaften und einem Einsatz von Armen und Körper, der für einen Olaf Scholz beinahe etwas Revolutionäres hatte.

Und dann war da das kleine Detail, das den Unterschied zwischen dem Bundesfinanzminister/Vizekanzler und dem Wahlkämpfer/Kanzlerkandidaten machen sollte. Den meisten dürfte es gar nicht aufgefallen sein, aber Scholz hat fast immer, wenn er in einem seiner Regierungsämter unterwegs war, eine Krawatte getragen. Als Kandidat hatte er dagegen selten eine um, manchmal zog er sogar das Sakko aus, um das Versprechen zu unterstreichen, das auf seinen Plakaten gegeben wurde: Scholz packt das an.

In Hamburg hat die SPD in einem Wahlkampf einmal Plakate aufstellen und -hängen lassen, auf denen von Scholz' Kopf nur die obere Hälfte zu sehen war, Botschaft: Sie kennen mich. Vor der Bundestagswahl musste der neue Scholz natürlich neu fotografiert werden. Er weiß, dass das zu seiner Arbeit dazugehört, aber er mag es nicht besonders und hat gesagt, dass er manchmal das Gefühl habe, nach der Wahl „nicht mehr da zu sein", so oft, wie er fotografiert worden sei.

Die wichtigsten Bilder waren die, die für die Plakate gemacht wurden, und man konnte dabei sein, weil der Moment für eine Fernsehdokumentation festgehalten wurde. Sie zeigte einen Fotografen, der Olaf Scholz' Gesicht fotografierte und fotografierte und fotografierte, das dabei regungslos blieb. Der Fotograf bat Scholz, an etwas besonders Schönes zu denken. Als er damit nicht den gewünschten Effekt erzielte, fragte er ihn, ob er ihm „einfach mal ins Gesicht greifen darf". Er durfte. Was dabei herausgekommen ist, haben Millionen Menschen monatelang an Deutschlands Straßen sehen können: den neuen Olaf Scholz. Den, der nicht nur Kanzler werden wollte, sondern auf den Fotos so aussah, als wäre er es bereits – ein Vorgeschmack auf die TV-Trielle.

Einen seiner besten, weil am wenigsten erwarteten Auftritte hatte Scholz in einem anderen Fernsehformat, um das er früher aus reinem Selbstschutz einen großen Bogen gemacht hätte. Es geht um die *heute-show* vom 3. September 2021, in der Scholz nicht vor den Kameras weggelaufen ist, sondern sich einfach davorgestellt hat. Der Dialog mit den *heute-show*-Journalisten belegte eine Eigenschaft des Kanzlerkandidaten, die sehr im Verborgenen liegt, die es aber gibt: Er kann auch schlagfertig sein.

Reporter: „Herr Scholz, eine optimistische, geschlossene SPD. Jetzt mal ehrlich: Ist das noch Ihre Partei?"

Scholz: „Ja, die SPD ist eine optimistische, geschlossene Partei und in die bin ich 1975 eingetreten. Ich möchte nicht in einer Partei sein, in der sich Leute als was Besseres empfinden."

Reporter: „Gut, das war ja in den letzten Jahren auch in der SPD gut zu haben. Man war ja nicht besser als die anderen."

Scholz: „Ich habe das mehr als zwischenmenschliche Kategorie gemeint …"

Reporter: „… ach so, dann habe ich das falsch verstanden."

Scholz: „Das ist nett, dass Sie das nicht falsch verstanden haben, aber mal nachgefragt haben. Die SPD ist eine Partei mit einer ganz langen Tradition, mit einer Geschichte auch in ganz schwierigen Zeiten, in denen sie für Demokratie und Gerechtigkeit, für Freiheit und Recht gekämpft hat. Was mich immer getragen hat in all den Jahren, ist das Wissen darum, dass das sogar viele so gesehen haben, die nie SPD gewählt haben."

Reporter: „Also, das haben Sie nie vergessen in all den Jahren. Ich meine, vergessen im Gegensatz zu den Treffen mit den Cum-Ex-Bankern."

Scholz: „Das habe ich jetzt als Witz irgendwie erwartet, aber ich bin nicht gleich darauf gekommen."

Reporter: „Ich habe noch eine Frage an Sie als Finanzminister. Und zwar habe ich noch ganz viele Gags in der Schublade à la ‚Olaf Scholz wird Kanzler', hahaha. Kann ich da auf Entschädigung hoffen?"

Scholz: „Nein."

Reporter: „Da können Sie nichts machen?"

Scholz: „Da kann ich nichts machen."

Reporter: „Aber für uns ist das doch eine ganz doofe Situation, wir haben all die Gags, wir haben auch Autoren bezahlt, die schwarze Null ist weg, wir brauchen Entschädigung."

Scholz: „Ich kann da leider nichts tun und mein Mitleid hält sich auch in Grenzen."

Reporter: „Aber trotzdem haben Sie sich schon bei Laschet und Baerbock bedankt? Sie haben jetzt die Chance. Einfach mal Danke sagen, die haben ja auch Wahlkampf für Sie gemacht."

Scholz: „Ich konzentriere mich darauf, mich um die Zukunft Deutschlands zu kümmern und um Zustimmung für mich und die SPD zu werben. Mir gehen solche Gefühle von Häme und Spott völlig ab."

Reporter: „Uns auch, damit haben wir nichts zu tun."

Scholz: „Davon habe ich schon gehört."

Die Umfragen,
diese verdammten Umfragen

Noch im Juli 2021 liegt die SPD bei 16 Prozent

Rückblickend haben Olaf Scholz und die SPD 2021 fast alles richtig gemacht. Im Jahresverlauf selbst wirkte das aber nicht immer so. Obwohl die Sozialdemokraten als Erste ihren Kanzlerkandidaten benannt hatten, obwohl mehr als rechtzeitig ein Programm und eine dazu passende Wahlkampfstrategie fertig waren, obwohl die Partei sich geschlossen und geeint gab, tat sich bei den Umfragen lange nichts. Im März 2021, als SPD-Werber Raphael Brinkert bereits von einem Sieg für Olaf Scholz sprach, sah das Meinungsforschungsinstitut Infratest Dimap die Partei bei der sogenannten Sonntagsfrage („Wen würden Sie wählen, wenn am kommenden Sonntag Bundestagswahl wäre?") bei 16 Prozent, die CDU/CSU bei 33 Prozent und die Grünen bei 20. Die Forschungsgruppe Wahlen ermittelte ein Verhältnis von 28:15 zwischen Union und SPD, die Grünen durften auf 23 Prozent hoffen. Fast genauso fielen die Werte bei Forsa (27/15/23) und Insa aus (28/18/20).

Soll heißen: Obwohl weder die CDU/CSU noch die Grünen einen Kanzlerkandidaten beziehungsweise eine Kanzlerkandidatin benannt hatten, lagen beide Parteien vor der SPD. Sechs Monate vor der Wahl deutete nichts darauf hin, dass die so gut vorbereiteten Sozialdemokraten in diesem Wahlkampf eine Rolle spielen könnten. Der von einigen erhoffte Scholz-Effekt war ausgeblieben, auch wenn der Kandidat selbst immer wieder betonte, dass es für diesen Effekt viel zu früh sei. Stattdessen sah es so aus, als ob nicht sein Plan, sondern der der CDU/CSU aufgehen würde. Die hatte sich auf einen Zweikampf mit den Grünen eingestellt, ihre komplette Strategie darauf ausgerichtet. Das Ziel: Die Grünen durften zwar stärker als bei der Bundestagswahl 2017 werden, aber eben nicht zu stark. Die CDU/CSU würde als Erste durchs Ziel kommen und dann eine schwarz-grüne Bundesregierung bilden, notfalls mit den Liberalen. Das, so dachte man es sich im Konrad-Adenauer-Haus, würde schon funktionieren, schließlich hatte die Union bei einer Bundestagswahl noch nie weniger als 30 Prozent erhalten. Daraus schloss man, nicht ganz falsch zu diesem Zeitpunkt, dass es so etwas wie eine strukturelle, konservative Mehrheit in Deutschland gebe, die unabhängig davon ist, wer der Spitzenkandidat von CDU/CSU ist.

Die SPD, dieser „15-Prozent-Verein", und Olaf Scholz spielten in den Überlegungen der Partei, die seit 16 Jahren das Land regierte, keine Rolle.

Das sollte sich später als schwerer Fehler herausstellen, half der SPD im Frühjahr und dem dann beginnenden Sommer aber nicht richtig weiter. Und dass, obwohl sowohl die CDU/CSU als auch die Grünen die Spitzenkandidaten nominiert hatten, die sich Olaf Scholz und sein Team gewünscht hatten. Auf Annalena Baerbock hatte man gehofft, weil die, anders als Robert Habeck, keinerlei Regierungserfahrung vorweisen konnte. Habeck war in Kiel sechs Jahre lang Minister und auch Stellvertreter des dortigen Ministerpräsidenten Daniel Günther (CDU) gewesen, gegen ihn hätte Olaf Scholz seine Kompetenz („Ich war Arbeitsminister! Ich war Bürgermeister! Ich bin Vizekanzler!") nicht so gut ausspielen können wie gegen Baerbock. Die wollte mehr oder weniger aus dem Stand Bundeskanzlerin werden, ein kühnes Unterfangen, trotz der großen Debatten um den Klimaschutz und die Fridays-for-Future-Bewegung. Im Team Scholz war man auch deshalb sicher, dass Baerbock die kleinere Herausforderung als

Habeck sein würde, weil sie bei Weitem nicht dessen rhetorische Fähigkeit hat. Baerbock kannte sich, wie Scholz, sehr gut in vielen politischen Themen aus, war oft für ihre Sach- und Detailkenntnis gelobt worden. Doch auf diesem Gebiet konnte Scholz in Deutschland kaum jemand etwas vormachen, vielleicht Angela Merkel und Wolfgang Schäuble, aber die standen beide nicht zur Wahl.

Anders wäre die Lage gewesen, wenn der SPD-Kandidat bei den Grünen auf einen Konkurrenten getroffen wäre, der so redet, wie in Deutschland nur Robert Habeck redet. Die Unterschiede wären spätestens in den TV-Triellen deutlich geworden, hier der Visionär (Habeck), der die großen Bilder von einer besseren Zukunft für alle malt, dort der Realpolitiker (Scholz), der das Gleiche tun will, es aber nicht ansatzweise so hübsch verpacken und erklären kann.

Während man sich bei der SPD lange vor der Entscheidung der Grünen Mitte April 2021 darauf eingestellt hatte, dass Annalena Baerbock Spitzenkandidatin wird („Wenn die Grünen eine Frau haben, die dazu bereit ist, müssen sie diese Frau nehmen"), war man sehr gespannt, was und wer am Ende bei den Debatten in der Union herauskommen würde. Und ja, die Sorge, dass es Markus Söder werden könnte, der in der Kanzlerfrage („Wenn Sie den Kanzler direkt wählen könnten …") nicht nur vor Armin Laschet, sondern auch vor Olaf Scholz lag, war nicht gering. „Hätten die anderen Söder genommen, wäre es natürlich schwieriger geworden", hat Lars Klingbeil in seiner Funktion als Generalsekretär der SPD einmal freimütig zugegeben.

Wenn die CDU nicht so sehr mit sich selbst beschäftigt gewesen wäre und wenn sie die SPD im Frühjahr 2021 als Gegner ernster genommen hätte, hätte sie merken müssen, dass sie mit der Auswahl ihres Kanzlerkandidaten in der falschen Richtung unterwegs war. Aber die SPD war zu diesem Zeitpunkt wie gesagt kein Korrektiv und die hohen Zustimmungswerte für

Söder waren es offensichtlich auch nicht, zumindest nicht für die CDU. Nachdem Grüne und SPD ihre Kanzlerkandidaten mehr oder weniger unter Ausschluss der Öffentlichkeit nominiert hatten, was man übrigens auch kritisieren kann, ließ die Union die komplette Republik am Auswahlprozess teilhaben. Dank der Mitteilungsfreudigkeit einiger Politiker, mutmaßlich vor allem aus Reihen der CSU, konnten die Konkurrenz und das Wahlvolk die Feinheiten des Duells zwischen Markus Söder und Armin Laschet nahezu live mitverfolgen. Das war spannend, ein Politik-krimi mit einem dramatischen Finale: Armin Laschet setzte sich durch und galt von diesem Moment an als der Mann, den man trotz seiner Freundlichkeit und Nahbarkeit nicht unterschätzen durfte. Wer erst Friedrich Merz und Norbert Röttgen im Kampf um den CDU-Vorsitz aus dem Weg geräumt hatte und dann Markus Söder, den Inbegriff eines Machtmenschen, der musste niemanden mehr fürchten, hieß es, keine Annalena Baerbock und schon gar nicht Olaf Scholz.

Der freute sich trotzdem still und heimlich, wie es seine Art ist, dass der schwächere der möglichen Gegner Kanzlerkandidat der CDU/CSU geworden war. An den Umfragen, diesen verdammten Umfragen, änderte das im Mai 2021 aber nichts, zumindest nicht aus Sicht der SPD: Infratest Dimap sah die Grünen mit 25 Prozent knapp vor der CDU mit 24 Prozent, die SPD stand wie einbetoniert bei 15. Bei der Forschungsgruppe Wahlen waren es sogar nur 14 Prozent; was CDU/CSU und Grüne anging, war man sich mit den Kollegen von Infratest Dimap einig. Auch Forsa sagte: 25-24-14. Insa sah die CDU mit 25,5 Prozent weiter vorn, die Grünen bei 21,5 Prozent, die SPD bei 15,5 Prozent.

Wenn man so will, hatte es also schon einen Laschet-Effekt gegeben, denn die CDU/CSU lag in allen Umfragen unter den 30 Prozent, ein Alarmsignal für eine Partei, die immer den Anspruch formuliert hatte, 30 Prozent plus x zu erreichen. Aber von diesem Effekt hatte eben nicht die SPD profitiert, sondern die Grünen. Die Bundestagswahl war wieder einen Monat näher gerückt und Scholz blieb wenig anderes übrig, als die Sätze zu wiederholen, die er in den Jahren seit 2018 so oft gesagt hatte, sein Mantra: „Ich bin davon überzeugt, dass die SPD in den Umfragen erheblich zulegen kann, dass am Ende ein Ergebnis in den hohen Zwanzigern reicht, um den Kanzler zu stellen."

Zu Beginn des Sommers 2021 war die SPD von einem Ergebnis deutlich in den Zwanzigern mindestens zehn Prozentpunkte entfernt, eigentlich musste sich die Partei in den Umfragen bis zur Wahl fast verdoppeln. Wenn Scholz und sein Anhang immer und immer wieder davon sprachen, dass man abwarten müsste, bis die Menschen mitbekämen, dass nun wirklich jene Wahl anstände, bei der Angela Merkel nicht wieder antritt, fragte man sich: Müsste das nicht schon längst jeder mitbekommen haben? Machte es wirklich einen Unterschied, ob es noch drei Monate oder sechs Wochen bis zur Wahl waren?

Diese Phase, vor den Plagiatsvorwürfen gegen Annalena Baerbock, vor der Unwetterkatastrophe in Nordrhein-Westfalen und Rheinland-Pfalz und dem unpassenden Lacher von Armin Laschet dort, dürfte die schwierigste im Wahlkampf der SPD gewesen sein. Jede andere Partei wäre langsam unruhig geworden, weil ihre Strategie und die Popularität ihres Kandidaten sich in Umfragen nicht niederschlugen, und diese Unruhe wäre nach draußen gedrungen, in die Redaktionen der Zeitungen und Fernsehsender. Doch aus der SPD war nichts zu hören, keine Kritik an Olaf Scholz, keine Rufe nach einer wie auch immer gearteten Kurskorrektur. Gut möglich, dass sich einige in der Partei dem Schicksal ergeben hatten und in Gedanken bereits in der Opposition waren, wo dann, endlich, endlich, die richtige Erneuerung beginnen könnte, ohne die Zwänge einer Großen Koalition, ohne eine Bundeskanzlerin Angela Merkel, ohne Olaf Scholz.

Der zog von Wahlkampftermin zu Wahlkampftermin, von Interview zu Gesprächsrunde und sagte weiter Sätze wie: „Ich will diese Wahl gewinnen", oder: „Wenn ich diese Wahl gewonnen habe, wird sich das ändern." Man konnte diese Aussagen nur selten in den großen Nachrichtensendungen an prominenter Stelle hören, dafür aber in der *heute-show*. SPD ist, wenn man trotzdem lacht.

Und die Meinungsforschungsinstitute? Die meldeten noch im Juli 2021 folgende Umfragewerte: CDU 29 Prozent, SPD 16 Prozent, Grüne 19 Prozent (Infratest Dimap), 28-16-21 (Forschungsgruppe Wahlen), 26-15-21 (Forsa), 27-17-18 (Insa). Rund acht Wochen waren es noch bis zur Bundestagswahl, die TV-Trielle der zwei Spitzenkandidaten und der Spitzenkandidatin rückten immer näher und die Arbeit von Scholz' Spindoktor Wolfgang Schmidt wurde nicht gerade einfacher. Monatelang war er nicht müde geworden, Journalistinnen und Journalisten in Berlin und dem Rest der Republik davon zu erzählen, dass am Ende alles genauso kommen werde, wie Olaf Scholz und er sich das überlegt hatten, und dass man ihm vertrauen solle. Es grenzte an Selbstsuggestion, wenn Schmidt innerhalb und außerhalb seiner Partei auf die Menschen einredete, sich Gegenargumente – wie etwa die unbestreitbaren Umfrageergebnisse – zwar anhörte, aber immer das letzte Wort hatte: „Wirst schon sehen, es kommt, wie wir es immer gesagt haben."

Was die Hoffnung des Teams um den Kanzlerkandidaten damals trotz der schlechten Umfragen der Partei hochhielt, waren die guten persönlichen Werte von Olaf Scholz. Bei denen hatte es eine stete Bewegung nach oben gegeben: Würde der Kanzler direkt gewählt werden, wäre ihm der Sieg schon Anfang August nicht mehr zu nehmen gewesen. Aber der Kanzler wird in Deutschland nun einmal nicht direkt gewählt, sondern von den Abgeordneten des Deutschen Bundestages. So konnte die SPD nur darauf setzen und hoffen, dass jene Politikwissenschaftler recht behalten würden, die sagten, dass ein Spitzenkandidat seine Partei mit nach oben ziehen würde, wenn der Unterschied zwischen den persönlichen Umfragewerten und jenen der Partei nur groß genug sei. Immerhin das zeichnete sich Anfang August 2021 ab.

Und dann? Dann passierte das, was Olaf Scholz angekündigt hatte. Diese Tage im August und September hatten etwas von einer sich selbst erfüllenden Prophezeiung. Plötzlich, rund sechs Wochen vor der Bundestagswahl (!), kam Bewegung in die Umfragen, wie aus dem Nichts näherten sich die Werte von CDU/CSU und SPD an. Baerbocks Plagiate lagen genauso ein paar Wochen zurück wie Laschets Fauxpas im Flutgebiet, seitdem hatten sich CDU/CSU und Grünen allzu grobe, offensichtliche Fehler nicht mehr erlaubt.

Am 24. August veröffentlichte mit Forsa das erste Meinungsforschungsinstitut eine Befragung, bei der die SPD mit 23 Prozent vor der CDU/CSU (22 Prozent) lag. Am 28. August zog Insa nach, dort betrug der Vorsprung schon drei Punkte, 24:21. Infratest Dimap sorgte am 2. September bei der Union für einen Schock, als man für die SPD 25 Prozent meldete, ein Plus von sieben Prozentpunkten im Vergleich zu Anfang August, und für die CDU/CSU nur noch 20 Prozent, sieben Prozentpunkte weniger. Einen Tag später hieß es bei der Forschungsgruppe Wahlen: SPD 25 Prozent, CDU/CSU 22 Prozent. Die Grünen sahen zu diesem Zeitpunkt alle Institute auf Platz drei, für sie war das Rennen um das Kanzleramt gelaufen.

Olaf Scholz hatte recht gehabt. Wolfgang Schmidt grinste, wenn er in die Gesichter von Journalistinnen und Journalisten schaute, die nicht glauben konnten, was da gerade passierte: „Ich habe es euch doch gesagt." Und Raphael Brinkert, der Werber, machte sich einen Spaß daraus, jede neue Umfrage, die die SPD vor der Union sah, auf seinem *Twitter*-Account mit immer demselben Kommentar zu posten: „Mund abputzen, weitermachen."

Die TV-Trielle ...

... und ein Kandidat, der nicht bis vier zählen kann

Als das erste TV-Triell bei *RTL* und *n-tv* am 29. August beendet war, war man im Lager der CDU/CSU einigermaßen zufrieden. Das Aufeinandertreffen der drei Spitzenkandidaten war wenig spektakulär verlaufen, heraus ragte allein Moderatorin Pinar Atalay, die kurz zuvor von den *Tagesthemen* zum Privatsender gewechselt war. Armin Laschet habe seine Sache gut gemacht, war die einhellige Meinung in seiner Entourage, das könnte endlich das Erfolgserlebnis gewesen sein, dass der Kanzlerkandidat so dringend brauchte. Der Monatswechsel von August zum September war die Zeit, in der die Meinungsumfragen sich zu drehen begannen. Da Laschet auch in seinen persönlichen Werten immer schlechter abschnitt als Olaf Scholz, kamen die Trielle aus Sicht der Union gerade recht. Das war Armins Format, dachten seine Vertrauten, da konnte er den drögen Scholz alt aussehen lassen, der bei der Premiere zum dunklen Anzug eine schwarze Krawatte trug, als käme er direkt von einem Staatsakt. Wenn nicht jetzt, wann dann. Es war höchste Zeit für eine Umfrage, in der die Wähler Armin Laschet vorn sahen.

Das Problem aus Sicht der CDU/CSU: Sie kam nicht, die Zuschauerinnen und Zuschauer, zumindest die 2.500, die danach an einer Blitzumfrage des Meinungsforschungsinstituts Forsa teilnahmen, hatten das Triell ganz anders gesehen als das Team Laschet. 36 Prozent erklärten, dass auf sie Olaf Scholz den besten Eindruck gemacht hatte, 30 Prozent sahen Annalena Baerbock vorn. Und Armin Laschet? Der fand sich auf einmal auf dem dritten von drei möglichen Plätzen wieder, mit 25 Prozent. Als wäre das nicht genug, schnitt der Mann, den die CDU/CSU nicht zu Unrecht als Kumpeltyp, Versöhner und menschlichen Politiker positionieren wollte, in der Frage, welcher der Kandidaten am sympathischsten gewirkt habe, noch schlechter ab: 22 Prozent bedeuteten 16 Prozentpunkte Rückstand auf Olaf Scholz.

Der Abend war für Laschet und die Seinen gelaufen. Man tröstete sich, dass das zweite Triell, das bei den öffentlich-rechtlichen Sendern, das einzig wichtige sei. Dabei würden Millionen Deutsche vor dem Fernseher sitzen, dann könnte Laschet endlich zeigen, was in ihm stecke und warum er der bessere Kanzler wäre.

Zwischen dem ersten und dem zweiten Triell lagen zwei Wochen, eine entscheidende Zeit so kurz vor der Bundestagswahl, zumal die Briefwahl begonnen hatte, die diesmal wegen der Corona-Pandemie eine größere Bedeutung bekam. „Die Bürger wählen nicht erst am 26. September, die Briefwahl wird diesmal eine deutlich stärkere Rolle spielen als in der Vergangenheit und deswegen geht es jetzt darum, als Team alles dafür zu tun, dass die CDU/CSU größte Fraktion wird", sagte mir Bundesgesundheitsminister Jens Spahn, als er Anfang September zu Gast in meinem Podcast war. Und: „Wir müssen deutlich machen, dass wir im Team neben unserem Kanzlerkandidaten, der ein Glücksfall für die CDU/CSU ist, eine Breite an profilierten Köpfen haben wie keine andere Partei." Das war, es ist nicht schwierig herauszulesen, ein vergiftetes Lob. Je länger der Wahlkampf dauerte, je näher der 26. September kam, desto mehr Politikerinnen und Politiker von CDU und CSU betonten, dass es doch nicht um den Kanzler gehe und um einzelne Personen, sondern dass man „bei uns in Deutschland" immer noch eine Partei wähle. Sagten die Köpfe jener Partei, die in den Jahren zuvor fast ausschließlich auf ihre bekannte und beliebte Bundeskanzlerin gesetzt hatte, hinter der die Union bis zur Unkenntlichkeit verschwand.

Wenige Tage nach dem missglückten ersten TV-Triell – und 24 Tage vor der Wahl – stellte Armin Laschet sein „Zukunftsteam" vor. Sein ehemaliger Konkurrent um den CDU-Vorsitz, Friedrich Merz, war dabei, Schleswig-Holsteins Bildungsministerin Karin Prien und einige andere vielversprechende Gesichter. Die Botschaft, die das „Zukunftsteam" aussendete, lautete aber: Allein schafft er das nicht.

Damit war Laschet endgültig das Gegenmodell zu Olaf Scholz. Der hatte die SPD mit seiner Popularität aus den Tiefen der Umfragen gezogen, der wurde, anders als von Union und FDP prognostiziert, von seinen Parteivorsitzenden Saskia Esken und Norbert Walter-Borjans in Ruhe gelassen. Auch hier war die Botschaft eindeutig: Er macht das schon.

Scholz profitierte davon, dass in der Phase, in der das Interesse an der Bundestagswahl von Tag zu Tag auch bei denen stieg, die sich ansonsten nicht so für Politik interessieren, all das eintraf, was er vorhergesagt hatte. Selbst für die in der SPD, die vorher an ihm gezweifelt hatten, muss der Kandidat von da an wie ein Prophet gewirkt haben. Ein Prophet, der der jahrelang gedemütigten Partei das zurückgab, was sie am schmerzlichsten vermisst hatte: ihren Stolz. Oder, um es mit einem Lieblingswort von Scholz zu sagen: Respekt.

Für die CDU müssen sich die letzten sechs Wochen vor der Wahl dagegen wie ein Albtraum angefühlt haben. Wie groß die Verunsicherung gewesen ist, zeigte die Ansage von Markus Söder vor dem zweiten TV-Triell, dass man nun eine Aufholjagd starten müsste. Wobei es nicht mehr darum ging, noch über die 30 Prozent zu kommen, dieser Anspruch war längst kassiert. Das Ziel war auf einmal lediglich, die SPD und Olaf Scholz in den Umfragen nicht endgültig enteilen zu lassen.

Das Triell bei *ARD* und *ZDF* war die letzte große Chance von Armin Laschet, 14 Tage vor der Wahl noch etwas zu drehen. Zehn Millionen TV-Zuschauerinnen und -Zuschauer sahen einen angriffslustigen Kanzlerkandidaten der CDU/CSU, der Olaf Scholz so frontal anging, dass der, wie einige Journalisten beobachteten, „rote Ohren" bekam. Laschet war es gelungen, Scholz aus der Ruhe zu bringen, aber selbst das nutzte ihm nichts. Dass der SPD-Kandidat ähnlich aggressiv zurückschoss, wie er kritisiert worden war, gefiel offenbar nicht wenigen, so nach dem Motto: Guck mal, der kann doch Emotionen zeigen, der kann richtig dagegenhalten.

Wenn es einmal läuft, dann läuft es. Scholz gewann nach Meinung von 41 Prozent der befragten Zuschauerinnen und Zuschauer auch das zweite Triell, Laschet kam mit 27 Prozent auf Platz zwei, Baerbock (25 Prozent) lag knapp dahinter. Der CDU-Vorsitzende hatte alles gegeben, aber wahrscheinlich zu diesem Zeitpunkt schon alles verloren. Das letzte TV-Triell bei *Pro-SiebenSat.1* war weniger ein Schau- als ein Auslaufen der Kandidaten und wirkte zeitweise wie eine vorweggenommene Sondierung zwischen dem SPD-Kanzler Olaf Scholz und seiner grünen Koalitionspartnerin Annalena Baerbock.

Dass Scholz auch beim dritten Triell der Gewinner der Blitzumfrage war, bewies, dass die Trielle Stimmungen in der Bevölkerung nicht drehen, wohl aber verstärken können. Wer mit einem Vertrauensvorschuss in eine solche Diskussion hineingeht, wie es bei Scholz der Fall war, der geht mit relativ großer Sicherheit als Sieger aus ihr heraus, wenn er keine schwerwiegenden Fehler macht. Genau das ist Scholz gelungen, auch weil er anders als Armin Laschet die ganze Zeit so sein konnte, wie er sein wollte. Scholz' Strategie war, vor den Fernsehkameras den Staatsmann zu geben, er trat bewusst so auf, als sei er schon Kanzler. Scholz wollte keinen Zweifel daran zulassen, dass er die Kandidatur, dass er das Amt, das er anstrebt, sehr ernst nimmt, „das war nach meiner Beobachtung genau das, was die Leute von uns erwartet haben". Armin Laschet konnte dieser Erwartung nicht gerecht werden, auch weil er von Triell zu Triell seine Strategie ändern musste. Nach dem eher harmlosen Geplänkel in Sendung Nummer eins folgte in Nummer zwei der Frontalangriff, in Nummer drei war dann die Luft raus.

Was bleibt insgesamt von dem glücklosen Kandidaten aus den TV-Triellen in Erinnerung? Zum Beispiel die Szene bei *RTL*, in der Laschet Olaf Scholz aufforderte, ein Zusammengehen mit den Linken auszuschließen. Scholz müsse doch nur Folgendes sagen: „Ich mache es nicht. Drei Worte", sagte Laschet in der Sendung, um beim Nachzählen mit den Fingern zu merken, dass es vier waren …

Die Fehler der anderen

Der Köder muss dem Fisch schmecken, nicht dem Angler

Wie wäre die Bundestagswahl ausgegangen, wenn Olaf Scholz nicht gegen Armin Laschet und Annalena Baerbock, sondern gegen Markus Söder und Robert Habeck angetreten wäre? Wir wissen es nicht. Was wir wissen, ist, dass es ungerecht wäre, Scholz' Erfolg entweder nur mit seinen, inzwischen viel beschriebenen und beinahe hellseherischen Fähigkeiten oder mit den unübersehbaren Schwächen seiner Gegner zu erklären. Scholz' Triumph war eine Mischung aus beidem, aber den Grundstein legte er fraglos mit der richtigen Einschätzung einer Bundestagswahl, die erstmals ohne einen Amtsinhaber als Kandidat auskommen musste. Dieter Lenzen, der Präsident der Universität Hamburg, der Scholz gut kennt, hat die Umstände seines Erfolges kurz nach der Wahl wie folgt auf den Punkt gebracht: „Der Sieg des einen hängt davon ab, wie stark beziehungsweise schwach der andere ist. Das ist Punkt eins. Punkt zwei: In einer solch schwierigen Situation, in der sich Deutschland befindet, suchen sich die Wähler die Person als Kanzler aus, von der sie glauben, dass sie zuverlässig ist, klare Ansagen machen kann und die Dinge schon geregelt bekommt. Das war und ist Olaf Scholz, der von sich das Bild vermitteln konnte, ein Politiker zu sein, der sagt, was er tut, und tut, was er sagt."

Die Fehler der anderen verdienen trotzdem ein eigenes Kapitel. Denn es waren nicht (nur) die persönlichen Patzer von Laschet und Baerbock, also hier der Lacher nach der Flutkatastrophe und dort die Plagiatsvorwürfe. CDU/CSU und Grüne haben entscheidende strategische Fehler gemacht, die Olaf Scholz geholfen haben, das Unwahrscheinliche Wirklichkeit werden zu lassen. Der größte Irrtum war, dass man in Deutschland, anders als etwa in den USA, vor allem Parteien statt Personen wählt. Rein formal mag das stimmen, tatsächlich geht es gerade bei Bundestagwahlen und der entscheidenden Frage, wer Kanzlerin oder Kanzler wird, natürlich um die Spitzenkandidaten – und deshalb ist es wichtig, sie richtig auszusuchen.

Es gibt das viel zitierte Sprichwort vom Köder, der nicht dem Angler, sondern dem Fisch schmecken muss. Wie sehr das stimmt, haben sowohl CDU/CSU als auch die Grünen bei der Bundestagswahl 2021 gemerkt. Beide Parteien haben ihren Spitzenkandidaten beziehungsweise ihre Spitzenkandidatin nach den eigenen Vorlieben und Vorstellungen ausgewählt. Der CDU ging es darum, den neu gewählten Vorsitzenden Armin Laschet nicht zu schwächen und der CSU zu zeigen, wer großer Bruder und wer kleine Schwester ist. Bei den Grünen fiel die Entscheidung für Annalena Baerbock auch, weil in der Partei ein Mann als Kanzlerkandidat schwerer zu vermitteln gewesen wäre. Die Ergebnisse sind bekannt: Die Grünen haben zwar ihr bestes Ergebnis in der Geschichte der Bundestagswahlen erreicht, blieben aber weit hinter den Möglichkeiten, die Umfragen noch im Sommer 2021 suggerierten. Und die CDU/CSU fand sich im Bundestag plötzlich in der Opposition wieder und musste erkennen, dass sie selbst schuld daran ist. Ich habe aufgehört zu zählen, wie viele Unionspolitikerinnen und -politiker von der „unnötigsten Niederlage" in der Geschichte der Partei gesprochen haben … Wer glaubt, mit der Kraft eines Parteiprogramms einen Kandidaten mitschleppen und dessen Popularitätswerte ignorieren zu können, hat weder das personalisierte Verhältniswahlrecht in unserem Land noch die Psyche der Menschen verstanden. Jede Entscheidung, gerade die für einen Kanzler oder eine Kanzlerin, ist immer auch eine Bauchentscheidung. Eigenschaften wie Sympathie, Erfahrung, Kompetenz, Belastbarkeit und Ernsthaftigkeit spielen dabei entscheidende Rollen.

Markus Söder hatte vor der Bundestagswahl eine Sache mit Olaf Scholz gemeinsam. Er hat die Lage richtig eingeschätzt und gesehen, dass die CDU/CSU mit ihm größere Chancen gehabt hätte, am 26. September zu gewinnen, als mit Armin Laschet. Hätte Söder nicht ernsthaft daran geglaubt, Kanzler werden zu können, hätte er sich nicht ins Spiel gebracht, dafür ist er zu jung und zu gern Ministerpräsident in Bayern. Das haben seine Kritiker in der CDU übersehen, vielleicht wollten sie aber auch gar nicht so genau hingucken. Denn eine Kanzlerkandidatur Söders hätte womöglich bedeutet, dass sich die CDU in kürzester Zeit den dritten neuen Vorsitzenden hätte suchen müssen. Das wollte man auf jeden Fall vermeiden, nachdem der Übergang der CDU in die Zeit nach Angela Merkel viel schwieriger geworden war, als man das in der Partei gedacht hatte. Jens Spahn hat dazu gesagt: „Nach 16 Jahren Kanzlerschaft Angela Merkel muss die Partei wieder laufen lernen. Die Kanzlerin war der Fixstern, an dem sich alles orientiert hat, auch in der CDU." Das stimmte und auch das ist ein Grund für das schlechteste Bundestagswahlergebnis der Union, ausgerechnet am Ende der Ära Merkel.

Offenbar war die Partei so mit sich selbst beschäftigt (und mit den Attacken aus Bayern), dass wenig Zeit blieb, sich um den Wahlkampf zu kümmern. Dass sah man den Wahlplakaten, das merkte man dem Spitzenkandidaten und der ganzen Union an. Eine Woche vor der Bundestagswahl hatte ich die Möglichkeit, mit Armin Laschet darüber zu sprechen, und fand es schon damals erstaunlich, wie kritisch er über die eigene Kampagne sprach. Laschet sagte: „Der jetzige Wahlkampf ist etwas eigenartig, weil er sehr von außen beeinflusst ist. Normalerweise würde man einen Wahlkampf anderthalb Jahre vorbereiten. Ich habe mich im Februar 2020 im Team mit Jens Spahn um den CDU-Vorsitz beworben, der hätte im April entschieden sein sollen und dann hätten wir den Wahlkampf vorbereitet. Aber uns hat das ganze Jahr 2020 eher und zu Recht die Pandemie beschäftigt als der Wahlkampf. Es war ein Vorteil für die Grünen, weil sie nicht in Regierungsverantwortung waren und ihr Wahlprogramm vorbereiten konnten. Wir hatten bis Januar nicht mal eine Führung. Dann musste der Kanzlerkandidat gefunden werden, was auch nicht ein ganz so flüssiger Prozess war. [...] Insgesamt ist das ein besonderer Wahlkampf, weil die Zeit eine besondere ist. Ich habe den Wahlkampf im Juli abgesagt, weil die Flutkatastrophe war. Ich konnte nicht im Schwarzwald einen Waldwipfelpfad besuchen und in Heidelberg das Schloss, wenn in Nordrhein-Westfalen die Menschen vor dem Nichts stehen. Also musste der Wahlkampf zurückstehen. Das waren Momente, die nicht einfach waren." Auf die Frage, ob 16 Jahre Angela Merkel der CDU vielleicht geschadet hätten, sagte Laschet: „Bin ich nicht sicher. Da kommt eine Menge zusammen, auch Fehler in der Wahlkampagne. Meine Auftritte waren auch nicht nur glücklich in der Zeit."

Tatsächlich hat die Union den Faktor Merkel anders als Scholz und seine SPD falsch gewichtet. Man ging davon aus, dass die Wählerinnen und Wähler der CDU und der CSU vor allem die CDU und die CSU wählen, und hatte dabei vergessen, dass die Kanzlerin ihre Partei in vier Legislaturperioden weiter in die Mitte der Gesellschaft gezogen, um nicht zu sagen, wie es ihr Kritiker vorwerfen, sozialdemokratisiert hatte. Die Wählerinnen und Wähler, die auf diesem Weg von der SPD zu Merkel und eben nicht zur CDU/CSU abgewandert waren, standen 2021 zur Disposition. Die Bundestagswahl war der beste Beweis, dass in der Zeit davor nicht zwei Parteien mit ihren Programmen überzeugt hatten, sondern eine Kanzlerin, der die Deutschen vertrauten, teilweise, obwohl sie in der CDU war.

Merkels Erfolge waren die Vorlage für die Geschichte, an die Olaf Scholz glaubte. Er wollte es seiner Vorgängerin gleichtun und die Wahl gewinnen, indem er als Kanzler das fortsetzte, was Merkel vorgelebt hatte. Die Partei, in seinem Fall die SPD, spielte dabei nur eine untergeordnete Rolle, so wie es die CDU bei Merkel getan hatte. Weil sich Scholz dessen sicher war, haben ihn die niedrigen Umfragewerte, die die SPD über weite Teile des Wahlkampfes gehabt hat, auch nie unruhig werden lassen.

Der Meister der Unruhe war ein anderer und manchmal konnte er einem leidtun. Denn auch Armin Laschet hat jede Menge Berater an seiner Seite gehabt im Wahljahr 2021 und man fragt sich, ob er ihnen nicht zugehört hat oder ob sie mit ihren Empfehlungen völlig danebenlagen. Auf jeden Fall war über die gesamte Zeit keine durchgängige Kommunikationsstrategie zu erkennen, Laschet strahlte bisweilen eine sorglose Fröhlichkeit aus, die einen fast schon wieder für ihn einnehmen konnte. Wenn es nicht um so ein ernstes Amt wie das des Bundeskanzlers gegangen wäre, das ernsteste, das wir zu vergeben haben.

Laschet wäre ein ordentlicher Kandidat gewesen, wenn es wie erhofft und geplant auf ein Duell zwischen ihm und Annalena Baerbock hinausgelaufen wäre, in dem Laschet seine Regierungs-erfahrung als Ministerpräsident in Nordrhein-Westfalen ganz anders hätte ausspielen können als im Vergleich mit Olaf Scholz. (Laschet hat im Wahlkampf immer wieder darauf hingewiesen, wie erfolgreich er in Nordrhein-Westfalen regiert habe und wie populär er deswegen dort sei. Am Ende konnte er nicht einmal in seinem Heimatland verhindern, dass die SPD stärkste Partei wurde.)

Als die Umfragewerte kippten, als es plötzlich nicht gegen Baerbock und die Grünen, sondern gegen Scholz und die SPD ging, rächte sich, dass Laschet nicht dessen Vorbereitungszeit und die Union keinen Plan B hatte. Deshalb blieb Laschet, beginnend mit den TV-Triellen, nichts anderes übrig, als das zu tun, was man machen muss, wenn man nicht genau sagen kann, warum die Wählerinnen und Wähler der eigenen Partei ihre

Stimmen geben sollten. Man fängt an zu erklären, wieso man die andere Partei, den anderen Kandidaten nicht wählen sollte.

Diesen Fehler hatte die Union schon vier Jahre zuvor gemacht. 2017 hatte sie, gemeinsam mit anderen Parteien, viel über die AfD gesprochen und darüber, dass unbedingt verhindert werden müsste, dass die bei der Bundestagswahl zu stark würde. Das Ergebnis ist bekannt. Die AfD wurde stärkste Oppositionspartei, noch vor den Grünen und der FDP.

Das hätte dem Team Laschet eine Lehre sein müssen, war es aber nicht. Wo immer der Kanzlerkandidat im September auftrat, Interviews gab oder sich in TV-Triellen stellte, sprach er über Olaf Scholz. Der konnte sein Glück kaum fassen. Eben hatte die CDU/CSU ihn noch ignoriert und so getan, als hätte die SPD mit der Vergabe des Kanzleramts nichts zu tun. Was die sinnvollste Strategie ist, wenn man einen Gegner möglichst kleinhalten will, und die größte Strafe für ihn: Man redet nicht über ihn.

Armin Laschet machte es angesichts der sich drehenden Umfragewerte auf einmal anders und lenkte auch den letzten Scheinwerfer, der noch in seine Richtung zeigte, auf Olaf Scholz. Auf einmal ging es nicht mehr um die Frage, welche Koalition Laschet mit seiner CDU/CSU nach der Bundestagswahl anführen würde, obwohl dieser Regierungsanspruch der Markenkern der Union gewesen war. Es ging darum, dass eine von Olaf Scholz geführte rot-grün-rote Regierung verhindert werden müsste, weil sie mindestens den Untergang Deutschlands, wenn nicht der gesamten freien Welt bedeuten würde. Wo immer Laschet auf Scholz traf, wo immer er über ihn sprach, forderte er ihn auf, ein Bündnis mit den Linken auszuschließen, und hielt das, wie große Teile von CDU und CSU, für eine clevere Strategie. Tatsächlich war es die letzte Verteidigungslinie, die letzte Hoffnung, an die sich Armin Laschet klammerte. Wenn man die eigenen Wählerinnen und Wähler nicht mit der Sorge vor einer gefühlt kommunistischen Regierung mobilisieren konnte, womit denn dann? (Mit Markus Söder, aber dafür war es zu spät.)

Ich habe Laschet bei unserem bereits erwähnten Gespräch gefragt, ob das „mit diesem Ausschließen in der Politik" nicht ziemlich sinnlos sei, weil man zum Beispiel eine Koalition mit einer anderen Partei erst dann ausschließen könne, wenn man (nach der Wahl) wisse, ob es mit den gemeinsam erzielten Stimmen überhaupt dazu reiche. Laschet sagte: „Ausschließen ist Quatsch, ich erwarte auch von Christian Lindner nicht, dass er die Ampel ausschließt." Aber er sagte auch: „Bei der Linken ist das etwas anderes. Olaf Scholz erwartet ja auch von mir, dass ich eine Koalition mit der AfD ausschließe. Und natürlich gibt es einen Unterschied zwischen den beiden, die AfD gehört ganz aus den Parlamenten raus. Aber bei der Linken kann man doch inhaltlich sagen: Einer, der jeden europäischen Integrationsschritt ablehnt, der aus der Nato raus will und über Enteignung philosophiert, kann doch nicht in einer deutschen Regierung sitzen. Das sind meine Bedenken, nicht, ob einer früher mal in der SED war, das ist 30 Jahre her. Aber was die Linken heute an politischen Positionen vertreten, gefährdet Deutschland. Und Scholz sagt das indirekt auch, indem er all die Themen benennt, aber er schließt es nicht aus. Das haben seine Vorgänger bei früheren Bundestagswahlen klipp und klar gemacht. Ich bin mir auch nicht sicher, ob Olaf Scholz nach der Wahl noch den Einfluss in der SPD hat oder ob nicht ganz andere, die seit Monaten dieses Bündnis in kleinen Runden vorbereiten, in den Räumen des Bundestages, ob die dann nicht am Ende bestimmen, wie die Koalition aussieht."

Scholz hätte die Rote-Socken-Kampagne gleich im ersten TV-Triell abräumen können, indirekt hat er das auch getan. Ausgeschlossen hat er ein Zusammengehen mit den Linken allerdings nicht, „das konnte ich nicht tun", hat er im Nachhinein gesagt. Erstens darf man sich nicht als Politiker, der Bundeskanzler werden will, von seinem größten Gegner vorschreiben lassen, was man macht und was man nicht macht. Zweitens hätte Scholz die Linken wirklich für eine Regierungsbildung brauchen können. Und drittens hätte die Drohkulisse von Rot-Grün-Rot eventuell helfen können, die FDP in eine Ampel-Koalition zu bringen.

Wenn, ja wenn die Linken überhaupt in einer Stärke in den Deutschen Bundestag gekommen wären, die eine Regierung mit SPD und Grünen möglich gemacht hätte. Sind sie aber nicht. Am Ende verpassten sie sogar die Fünf-Prozent-Hürde, kamen überhaupt nur in das Parlament, weil drei ihrer Abgeordneten Direktmandate gewinnen konnten und damit die Partei nach der Zahl ihrer Zweitstimmen eine Fraktion bilden darf. Die CDU/ CSU feierte das schlechte Ergebnis des Gegners vom linken Rand als Erfolg ihrer Rote-Socken-Kampagne in den letzten Wochen vor der Wahl, wenigstens das. Tatsächlich hat Armin Laschet aber von Olaf Scholz unzählige Male gefordert, eine Koalition auszuschließen, die gar nicht möglich gewesen wäre …

Es war nicht seine Wahl, es war nicht der Wahlkampf der CDU/CSU. Ich habe Armin Laschet, letzter Verweis auf unser Gespräch, auch nach den Plakaten seiner Partei gefragt, die ausgerechnet sein Duz-Freund Christian Lindner als „ältlich" bezeichnet hatte. Und was sagte Laschet? Er sagte: „Der Christian Lindner macht auf seinen Plakaten auf supercool, das ist nun nicht, wie ein CDU-Kanzlerkandidat auftritt. Jeder hat seinen Stil, ich finde unsere Plakate gar nicht so schlecht. Finden Sie diese ganz roten der SPD toll oder die ganz grünen der Grünen? Die Plakate der FDP sprechen zehn Prozent der Bevölkerung an und das reicht für die FDP. Eine Volkspartei muss aber eine ganze Breite ansprechen, von Ostdeutschland bis Westdeutschland, sogar in Bayern werden die geklebt. Ich finde unsere Plakate nicht mittelmäßig, ich finde die supercool …"

Wenn es um die Fehler der anderen geht, die Olaf Scholz geholfen haben, Bundeskanzler zu werden, müssen die CDU und Armin Laschet im Mittelpunkt stehen, weil sie am meisten davon begangen haben und dadurch in der Opposition gelandet sind. Die Grünen haben es, wie geplant, in die Bundesregierung geschafft, doch auch sie haben es Scholz leichter gemacht, als der es erwartet hatte. Wir erinnern uns: Olaf Scholz' erstes Ziel war, mit der SPD vor den Grünen zu landen, dafür, so seine Einschätzung, würde ein Ergebnis hoch in den Zwanziger-Prozentpunkten reichen. Dann könnte er, selbst wenn die CDU/CSU wieder stärkste Partei werden würde, ein Dreierbündnis mit den Grünen und der FDP oder mit den Grünen und den Linken als Kanzler anführen. Das Gleiche hätte allerdings für die Grünen gegolten, die bei aller Freude über ihr Wahlergebnis natürlich erkannt haben, dass sie eine historische Chance verpasst haben. Denn die 25,7 Prozent, die Scholz und die SPD erreicht haben, waren nichts, was Meinungsforscher der Partei nicht zugetraut hätten.

Dass die Grünen am 26. September deutlich unter den Werten lagen, die ihnen noch im Sommer vorausgesagt worden waren – und damit die Möglichkeit verspielten, selbst die Kanzlerin zu stellen –, lag an einigen strategischen Fehlern, die mit der Art der Suche nach dem richtigen Kandidaten begannen. Weil Robert Habeck und Annalena Baerbock die Wahl unter sich ausmachten, ohne Beteiligung der Basis, ohne ein Mitgliedervotum und Vorstellungsrunden, fehlten der Kanzlerkandidatin wichtige Erfahrungen, die man in einem politischen Wettbewerb über Parteigrenzen hinaus braucht.

Die erste öffentliche Wahl, die Annalena Baerbock in ihrem Leben zu bestehen hatte, war gleich die, bei der es darum ging, wer das mächtigste Amt im Land bekommt. Das hätte jede und jeden überfordert, darauf konnte Baerbock bei den Grünen niemand vorbereiten. Schließlich stellte sich auch die Partei zum ersten Mal mit einer Bundeskanzlerkandidatin zur Wahl und ahnte offensichtlich nicht ausreichend, was das bedeutete. Wenn man es, wie Annalena Baerbock, gewohnt war, von größeren Teilen der Medien recht freundlich behandelt zu werden, muss es schockierend gewesen sein, was nach der Kandidatur passierte. Dass Journalistinnen und Journalisten sich auf einmal alles genau ansahen, was die Kandidatin gemacht, geschrieben und gesagt hatte, dass jede Regung und jeder Satz bewertet wurden, dass es, um es platt zu sagen, hart zur Sache ging. „Wer Bundeskanzlerin werden will, wer später in Verhandlungen mit anderen Regierungschefs bestehen will, muss so etwas abkönnen", hat der Publizist Stefan Aust mir gesagt, als deutsche Journalisten begannen, sich an Baerbock abzuarbeiten. Doch die grüne Kandidatin und ihre Partei wirkten zunächst beinahe etwas beleidigt, dass man mit ihnen plötzlich so umging wie mit den anderen. Die Reaktion, die danach kam, war noch schlimmer: Baerbock verlor ihre Selbstsicherheit und Lockerheit und hörte sich in ihren Antworten auf Fragen von Journalisten auf einmal genauso an wie Olaf Scholz. Mit dem Unterschied, dass der schon seit Jahrzehnten so sprach. Richtig zurück in den Wahlkampf fand sie erst wieder, als aus dem Dreikampf um das Kanzleramt ein Duell zwischen Laschet und Scholz geworden war.

Vielleicht lässt sich so eine Entwicklung nicht verhindern, wenn man sich zum ersten Mal an einer Kanzlerkandidatur versucht. Die Grünen müssen sich trotzdem vorwerfen lassen, ihre Kampagne und vor allem ihre Bewerberin nicht gut und nicht lange genug vorbereitet zu haben. Das hat tatsächlich nur einem genutzt: Olaf Scholz.

An einem Septemberabend in Berlin

„Ich habe es euch doch gesagt"

Einmal im Jahr lädt die Funke Mediengruppe, zu der neben dem *Hamburger Abendblatt* auch die *Westdeutsche Allgemeine Zeitung*, die *Thüringer Allgemeine*, die *Berliner Morgenpost*, die *Braunschweiger Zeitung* und viele andere Titel gehören, Politiker, Journalisten, Unternehmer und Künstler zu einem Treffen in Berlin ein. Der sogenannte MedienQ war 2020 wegen der Corona-Pandemie ausgefallen, im Bundestagswahljahr 2021 war lange unsicher, ob er stattfinden könnte. Dann kam die 3G-Regelung (wer von Corona genesen, dagegen geimpft oder negativ darauf getestet wurde, durfte an privaten Veranstaltungen teilnehmen) und die Einladungen gingen raus. Zu den ersten Spitzenpolitikern, die zusagten, gehörte Olaf Scholz.

Und so kam es am 9. September, einem Donnerstag, in Clärchens Ballhaus, einem der letzten erhaltenen Ballhäuser Berlins aus dem 20. Jahrhundert, zu einem weiteren, wenn auch indirekten Aufeinandertreffen der beiden Männer, die noch die Chance hatten, Bundeskanzler zu werden. Denn nach Scholz hatte auch Armin Laschet sein Kommen zugesagt, etwas später am Abend allerdings, weil er noch eine Wahlkampfsendung im *ZDF* hinter sich bringen musste.

Der 9. September war ein besonderer Tag in der Geschichte des Wahlkampfes, nicht nur, weil das Meinungsforschungsinstitut Allensbach in einer Umfrage den Abstand zwischen der SPD (27 Prozent) und der CDU/CSU (25) nur bei zwei Punkten sah, nachdem Insa drei Tage zuvor einen Abstand von fast sechs gemeldet hatte (25,5:20). Am Morgen waren auf Geheiß der

Staatsanwaltschaft Osnabrück sowohl das Bundesjustizministerium als auch Scholz' Bundesfinanzministerium durchsucht worden. Hintergrund war „ein Ermittlungsverfahren wegen des Verdachts auf Strafvereitelung im Amt gegen Verantwortliche der beim Zoll angesiedelten Financial Intelligence Unit zur Geldwäschebekämpfung", hieß es aus Osnabrück. Dort ermittelte man in dem Fall bereits seit 2020 und das war nicht der einzige Grund, warum die Razzia für Aufregung sorgte. Erstens macht man so etwas normalerweise zweieinhalb Wochen vor einer Bundestagswahl nicht, zweitens hätte die Staatsanwaltschaft einfach ein sogenanntes behördliches Auskunftsersuchen stellen können. Und drittens war die Justizministerin des Landes Niedersachsen, der die Staatsanwaltschaft Osnabrück unterstellt ist, Mitglied der CDU.

Es gab also einiges zu besprechen und zu deuten auf dem MedienQ. Während sich das Team Laschet über den „nächsten Scholz-Skandal" wahlweise freute oder echauffierte, wetterte das Team Scholz gegen die Aktion und hielt den Zeitpunkt für politisch motiviert.

Dem Kandidaten selbst waren die neuen Nachrichten, der nächste Trubel nicht anzusehen, als er in Clärchens Ballhaus ankam. Olaf Scholz sah überhaupt nicht aus wie ein Politiker, der sich gerade in der Hochphase des Wahlkampfes um das Amt des Bundeskanzlers befindet. Ich habe Olaf Scholz in den zehn Jahren, die ich ihn näher kenne, selten besonders angespannt gesehen, aufregt schon gar nicht. Aber an diesem Abend war er nahezu aufreizend entspannt, so, als könne nun wirklich nichts mehr passieren.

Wenn man Olaf Scholz kennt und er einen, muss man keine Sorge haben, dass man bei einem gemeinsamen Termin nicht mit ihm ins Gespräch kommt. Scholz achtet bei Veranstaltungen genau darauf, dass er wenigstens „Hallo" sagt, manchmal reicht es nur für eine kurze Unterhaltung, oft für eine längere. Die

Kontaktaufnahme hat dabei etwas Putziges. Es kann sein, dass er einen mit dem Finger von hinten anstupst, um sich diebisch zu freuen, wenn man sich umdreht und überrascht registriert, wer da was von einem will. Es kann genauso gut sein, dass er plötzlich direkt vor einem steht, grinst und sagt: „Na?" So war es am 9. September, Scholz war erfreut, ein paar alte und bekannte Gesichter aus Hamburg zu sehen. Ein Journalist machte eine Bemerkung à la: „Wie haben Sie das gemacht, das Sie so viel abgenommen haben, Herr Scholz?", und andere Journalisten dachten: Wenn er das zu einer Frau gesagt hätte ... Scholz erzählte, dass er seit Monaten keinen Alkohol mehr trinke – in Clärchens Ballhaus hatte man ihm ein alkoholfreies Bier serviert –, zwei- bis dreimal die Woche Sport mache und sehr, sehr gut schlafen würde. Ein Spitzenkandidat, der gut schläft, obwohl es nur noch zweieinhalb Wochen bis zur Wahl waren? „Es könnten mehr Stunden sein, aber die Stunden, die ich habe, schlafe ich tief und fest." Man muss wissen, dass Scholz von Natur aus ein Langschläfer ist.

Steffen Hebestreit, sein Sprecher, stand neben ihm, irgendwann gesellte sich der Musiker Leslie Mandoki dazu, den die meisten Deutschen aus seiner Zeit bei der Gruppe „Dschingis Khan" kennen und der inzwischen eine Art Faktotum in der Berliner Politik ist. Scholz berichtete vom Wahlkampf, von dem, was er da draußen im Moment erlebe, und dass es sich „anfühle wie 2011, genau wie 2011. Es fühlt sich so an, dass wir gewinnen werden. Die Reaktionen der Menschen sind wie damals." Es sei genauso gekommen, wie er es vorhergesagt habe bei seinem Abschied aus Hamburg, bis ins kleinste Detail, warf ein Journalist ein, sogar das mit dem Stimmungswandel sechs Wochen vor der Wahl habe gestimmt. Scholz grinste. Sagen musste er dazu nichts, er hatte auch nicht mehr viel Zeit. Der Kandidat Scholz wollte und musste ins Bett, weil der Bundesfinanzminister Scholz am nächsten Morgen zu einem wichtigen Termin ins Ausland fliegen musste: „Vor lauter Wahlkampf darf man das Regieren schließlich nicht vergessen."

Als Scholz ging, kam nicht nur Armin Laschet, sondern auch Wolfgang Schmidt. Abende mit vielen Journalistinnen und Journalisten auf einem Haufen können und dürfen sich Kommunikationsberater nicht entgehen lassen. Laschet hatte die ehemalige *Bild*-Chefredakteurin Tanit Koch mitgebracht, die im Wahlkampf für ihn arbeitete. Es ging darum, Gesprächs- und Geschichtsfäden aufzunehmen und weiterzuspinnen, auch insofern passt die Bezeichnung Spindoktor für Menschen wie Koch und Schmidt gut. Wobei es Letzterer in dieser Berliner Runde deutlich leichter hatte. Schmidts abenteuerliche Scholz-Story war zu weiten Teilen wahr geworden, er hatte in einem Ausmaß an Glaubwürdigkeit gewonnen, dass es mich nicht gewundert hätte, wenn einer der Journalisten ihn im Spaß gefragt hätte: „Wolfgang, kannst du mir noch schnell die nächsten Lottozahlen sagen?"

Doch Schmidt wäre nicht Schmidt, wenn er nicht kurz vor seinem größten Erfolg die Reporter und Chefredakteure weiterbearbeitet hätte. Das mit der Allensbach-Umfrage sei schon komisch, sagte er, aber wahrscheinlich würden die einfach nur danebenliegen, die sähen die FDP sogar unter zehn Prozent, „das ist ganz anders als bei den anderen Meinungsforschungsinstituten". Auf die Durchsuchung des Bundesfinanzministeriums habe man eine klare Antwort gefunden, „das hat, glaube ich, schon einige überrascht" (Scholz hatte gesagt, dass man Fragen an die Behörde einfach schriftlich hätte stellen können). Und wenn jetzt noch einer mit dem Cum-Ex-Skandal um die Ecke käme, so Schmidt weiter, dann solle er ihm einen Beweis aus dem Untersuchungsausschuss zeigen, aus dem hervorgehe, dass Olaf Scholz damit etwas zu tun habe.

So ging das den ganzen Abend und Schmidt, der FC-St. Pauli-Fan, sprach von dem Henkel-Pott, den sich Olaf Scholz nun nur noch holen müsste, die Trophäe des Bundeskanzlers, dann wäre der Wahlkampf perfekt gewesen. „Glaubst du das wirklich?", wollte ein Journalist wissen.

Und Schmidt antwortete, halb im Scherz: „Ich habe euch jetzt jahrelang genau erzählt, wie es bei dieser Bundestagswahl laufen wird. Und jetzt zweifelst du immer noch?"

Der 26. September 2021

Oder: Wie freut sich einer, der sich nicht freut?

Die Wahl in Deutschland ist geheim und trotzdem wussten alle, dass das Paar, das von sechs Sicherheitsbeamten ins Wahllokal des Wahlbezirks 4105 in Potsdam begleitet wurde, seine vier Stimmen der SPD geben würde. Es war Sonntag, der 26. September 2021, Tag der Entscheidung: über den neuen Bundestag, über den nächsten Bundeskanzler und über das (vorläufige) Ende der Scholz-Story. Der Kanzlerkandidat war Hand in Hand mit seiner Frau Britta Ernst zum Wählen kommen, übrigens in dem Wahlkreis, in dem er selbst für ein Direktmandat antrat (und gegen Annalena Baerbock gewann). Für einen, der sehr genau wissen müsste, wen er wählt, ließ Scholz sich in der Kabine viel Zeit, faltete in aller Ruhe und vorschriftsmäßig seinen Stimmzettel – anders als Konkurrent Armin Laschet, bei dem dessen beiden Kreuze für die CDU zu sehen waren – und steckte ihn unter Blitzlichtgewitter in die Wahlurne. Ob er dabei lachte, konnte man nicht erkennen, Scholz trug wegen Corona eine Maske. Aber die Devise für diesen, den letzten Tag stand sowieso schon fest. Nicht zu früh freuen, nicht zu viel sagen, immer ruhig bleiben. Scholz eben. Nachdem er einer älteren Dame, die kurz vor ihm gewählt hatte, die Treppen des Wahllokals hinuntergeholfen hatte, stellte er sich vor die wartenden Mikrofone und sagte auf die Frage, ob er erleichtert sei, dass der Wahlkampf vorbei ist: „Das ist heute ein sehr schöner Tag. Das Wetter ist ja schon mal ein sehr gutes Zeichen. Und jetzt hoffe ich, dass möglichst viele Bürgerinnen und Bürger zur Wahl gehen, ihre Stimmen abgeben und möglich machen, was sich abgezeichnet hat. Nämlich, dass es ein sehr starkes Ergebnis für die SPD gibt und die Bürgerinnen und Bürger mir den Auftrag geben, der nächste Kanzler der Bundesrepublik Deutschland zu werden. Schönen Dank!"

„Schönen Dank" sagt er immer, wenn er signalisieren will, dass er fertig ist und nichts mehr zu sagen hat. Wer danach als Journalist noch eine Frage stellt, wird keine Antwort erhalten. So war es auch an diesem sonnigen Tag in Potsdam, der zum bisher größten in der Karriere von Olaf Scholz werden sollte.

Nun denkt der normale Wähler vielleicht, dass Politiker wie Journalisten an einem Wahltag wie alle anderen bis 18 Uhr warten müssen, um mit den ersten Hochrechnungen bei *ARD* und *ZDF* ein Gefühl für das Ergebnis zu bekommen. Tatsächlich trudelten die sogenannten Exit-Polls, erste, noch eher ungenaue Ergebnisse aus den Befragungen vor den Wahllokalen, schon gegen 14.30 Uhr in den Parteizentralen und Medienhäusern ein. Die *ARD* sah die SPD mit 26 Prozent zunächst vorn, dahinter die CDU mit 24, die Grünen mit 14, die FDP mit 13, die AfD mit 10 und die Linke mit fünf Prozent. Das Bild beim *ZDF* war am Anfang etwas anders: CDU/CSU 25 bis 26, SPD 25, Grüne 15, FDP 13, Linke knapp 6, AfD 11. So ging es den Rest des Nachmittags weiter, im Zwanzigminutentakt ploppten neue Vorhersagen auf den Handys der Spitzenpolitiker hoch. Das Meinungsforschungsinstitut Insa sagte gegen 15:20 Uhr das Endergebnis ziemlich genau voraus – SPD 26, CDU 24 Prozent –, auch das *ZDF* schwenkte schnell um, meldete am späteren Nachmittag für die SPD 27,5 und für die CDU 25. Die einzigen, die bis zur Hochrechnung um Punkt 18 Uhr noch nicht genau wussten, ob nun Olaf Scholz oder Armin Laschet vorn liegen würde, waren die Kollegen der *ARD*. Deren Experte Jörg Schönenborn verkündete vor Millionen TV-Zuschauern, dass es nach einem Kopf-an-Kopf-Rennen aussehe, SPD und CDU seien gleichauf. Die falsche Einschätzung sollte die ersten Stunden des Wahlkampfes insofern prägen, dass die Union und Armin Laschet dadurch weiter hofften, doch stärkste

Partei werden zu können. Das hätten sie, so war es abgemacht, als Auftrag zur Regierungsbildung verstanden, so wie es in Deutschland gute Sitte war. Als sich auch in der *ARD* abzeichnete, dass die SPD vorn liegt, hörte sich das bei Armin Laschet dann ganz anders an. Er sagte: „Wir werden alles daransetzen, eine Bundesregierung unter Führung der Union zu bilden, denn Deutschland braucht jetzt eine Zukunftskoalition, die unser Land modernisiert [...] Dafür werde ich ab jetzt arbeiten, gemeinsam mit Markus Söder, gemeinsam mit unserem gesamten Team. In dieser Koalition muss sich jeder Partner wiederfinden. Es muss eine Koalition werden, die das Land zusammenhält und in der jeder auch das umsetzen kann, was er seinen Wählern versprochen hat." Das klang, als hätte es die Bundestagswahl, bei der die CDU/CSU 8,8 Prozentpunkte der Stimmen verloren und das schlechteste Ergebnis ihrer Geschichte erzielt hatte, gar nicht gegeben. Laschet wollte, als er zusammen mit dem Führungsteam seiner Partei (und Kanzlerin Angela Merkel) vor die Anhänger im Konrad-Adenauer-Haus trat, Fakten schaffen, die mit den tatsächlichen Fakten wenig zu tun hatten.

Und Olaf Scholz? Der hatte auch für seinen ersten Auftritt vor den eigenen Anhängern im Willy-Brandt-Haus klare Grundsätze. Er wollte, wie immer, vorsichtig formulieren, nicht siegessicher und schon gar nicht siegestrunken wirken, war in Gedanken bereits bei den nächsten Schritten. Wie geht man auf mögliche Koalitionspartner zu, wie nimmt man vor allem der FDP die Sorge vor einem Bündnis mit der SPD?

Die Frage, die sich die Menschen zu Hause an den Fernsehgeräten stellten, war eine andere. Sie lautete: Wie freut sich einer, der sich normalerweise nicht freut? Die grundsätzliche Antwort hatte Olaf Scholz in unzähligen Interviews vor der Wahl gegeben, in denen er auf seine (scheinbare) Emotionslosigkeit angesprochen worden war und dann so etwas gesagt hatte wie: „Ich will ja schließlich Bundeskanzler werden und nicht Zirkusdirektor."

Scholz hatte kaum mit Britta Ernst unter dem Jubel von SPD-Mitgliedern, Mitarbeitern und Anhängern die Bühne im Willy-Brandt-Haus betreten, als er begann, Handbewegungen zu machen, dass es nun langsam mit dem Applaus genug sei. Dabei hatte ihm die SPD-Vorsitzende Saskia Esken gerade noch zugeraunt: „Genieß es", und damit die „Olaf, Olaf"-Rufe gemeint, die durch das Haus schallten. Für jeden anderen, der das mit einer Partei erlebt hat, was Olaf Scholz erlebt hatte, der blamable Zustimmungswerte von knapp über 50 Prozent bei seiner Wahl zum Generalsekretär bei einem Parteitag 18 Jahre zuvor hatte verkraften müssen, wären die Rufe eine Genugtuung gewesen. Scholz denkt nicht in solchen Kategorien, er ist weder einer, der viel zurückguckt, noch jemand, der sich gern und lange feiern lässt.

Er wurde es trotzdem, hielt aber eine Rede, die sich in Tonalität und Aussagen wenig von dem unterschied, was er im Wahlkampf gesagt hatte. Scholz sprach über die großen Herausforderungen der 2020er-Jahre, über Respekt und den menschengemachten Klimawandel. Und als er über sich sprach, nannte er sich „eines von 400.000 Mitgliedern" der SPD und dankte all den anderen, „die jeden Tag dafür geworben haben", dass eine Regierung unter der Führung der Sozialdemokratie nun möglich werde. „Wir haben gezeigt, dass wir eine Geschlossenheit mitbringen, die von allen getragen wird, und dass das so war, dafür möchte ich mich auch bedanken." Und während die SPD nicht aufhören wollte zu feiern und kurz bevor Saskia Esken von einem historischen Tag für die Partei sprach und Scholz lobte, sagte der: „Jetzt warten wir das endgültige Wahlergebnis ab und dann machen wir uns an die Arbeit. Schönen Dank."

Scholz' Art, auf das Wahlergebnis so zu reagieren, wie er darauf reagiert hat, hat viel mit seinem Naturell zu tun, dieser Eigenschaft, dass ihn nichts aus der Ruhe bringen kann, schlechte politische Nachrichten (wie das Aus für die Olympiabewerbung in Hamburg) genauso wenig wie sehr gute, wie der Sieg der SPD bei der Bundestagswahl. Sie speist sich auch aus seiner politischen Erfahrung. Scholz hat miterlebt, wie sich sein Ziehvater Gerhard Schröder direkt nach der Wahl 2005 um Kopf und Kragen redete, als er in der sogenannten Elefantenrunde, dem Treffen der Partei-vorsitzenden bei *ARD* und *ZDF*, so tat, als könne seine Herausforderin Angela Merkel niemals Kanzlerin werden. Dabei war die mit ihrer CDU/CSU gerade knapp, mit 35,2 Prozent zu 34,2 Prozent der Stimmen, vor der Partei des amtierenden Bundeskanzlers gelandet. Doch der führte sich vor laufenden Fernsehkameras derart kampfeslustig auf, dass einige Beobachter sich fragten, ob vielleicht Alkohol im Spiel gewesen sei. Der damalige Moderator und *ZDF*-Chefredakteur Nikolaus Brender hat dazu im Magazin *Cicero* geschrieben: „Mein Kollege Hartmann von der Tann und ich hatten nicht den Eindruck, dass der Alkohol Schröder an diesem Abend in einen Kriegselefanten verwandelte. Es war das ausgebrochene Ego, das den Kanzler aufputschte und seine Attacken gegen die Kanzlerkandidatin Merkel, gegen die Moderatoren und gegen die Realitäten des Wahlergebnisses reiten ließ."

16 Jahre später wurde die Elefantenrunde unter anderen Vorzeichen ausgetragen, die SPD lag diesmal knapp vor der Kanzlerpartei CDU und ihrer Schwester, der CSU, und erinnerte doch etwas an die legendäre Auseinandersetzung von 2005. Weniger weil sich irgendeiner der sieben Teilnehmer im Ton vergriffen hätte, sondern weil man beim längeren Zuhören den Eindruck bekommen konnte, dass nicht Olaf Scholz, sondern Armin Laschet und Markus Söder die Wahl gewonnen hätten.

Laschet sagte: „Das Wahlergebnis ist jetzt so, dass sich aus der Mitte des Deutschen Bundestages eine neue Regierung ergeben muss. Das hat uns der Wähler aufgetragen. Es ist keine Partei so stark, dass sie es allein kann."

Rückfrage von Moderator Peter Frey: „Wenn Sie wirklich auf Platz zwei landen, halten Sie dann an Ihrem Anspruch fest, ins Kanzleramt einzuziehen?"

Laschet: „Wer Bundeskanzler in Deutschland wird, muss es schaffen, unterschiedliche Fraktionen des Deutschen Bundestages zusammenzubringen, um dann am Ende eine Mehrheit zu haben [...] Nicht immer war die Partei, die auf Platz eins war, die, die den Kanzler stellte."

Frey: „Die CSU hat es ja anders gesehen. Sie hat gesagt, dass man aus der Position zwei das Kanzleramt nicht beanspruchen kann."

Laschet: „Ich habe gerade die Verfassungslage geschildert und Markus Söder hat heute auch die Position der CSU erläutert. Insofern ist es doch jetzt eindeutig. Es geht ja nicht darum, dass man arithmetisch irgendwie eine Mehrheit zusammenkriegt. Ich wünsche mir eine Regierung, wo auch jeder Partner vorkommt, wo auch jeder sichtbar ist. Keine Regierung, wo allein der Kanzler mit seinen Punkten glänzen kann [...] Das kann ein Bündnis werden, das Deutschland wirklich voranbringt, unterschiedliche Richtungen versöhnt, und dazu stehe ich bereit."

Die Elefantenrunde war eine Lehrstunde in fehlender Demut vor dem Wählerwillen und der Auftritt zweier schlechter Verlierer, dem Olaf Scholz auch deshalb so entspannt und ohne größere Wortmeldungen zusah, weil er ahnte, dass jeder weitere Satz das Zustandekommen einer Jamaika-Koalition schwieriger machen würde. Die Selbstverständlichkeit, mit der Laschet und Söder nach der Wahlniederlage ihrer Parteien versuchten, zum politischen Alltag zurückzukehren, dürfte wenig vertrauenerweckend bei möglichen Partnern gewesen sein. Nicht umsonst erklärte FDP-Chef Christian Lindner wenig später, dass es besser sei, wenn sich seine Partei erst mal mit den Grünen verständige, wie es weitergehe.

Zuvor hatte Markus Söder, der bekanntermaßen gern selbst Kanzlerkandidat geworden wäre, erklärt, dass es darauf ankomme, wem „die Deutschen das Regierungsamt anvertrauen". Nun war das wenige Stunden zuvor ermittelt worden, aber das hielt Söder nicht von einer völlig anderen Deutung des Wahlergebnisses ab:

„Schauen Sie, es gab ja lange dieses Modell Rot-Rot-Grün. Das hat heute schon 'ne Klatsche bekommen. Die Deutschen möchten nicht Rot-Rot-Grün. Und dieses Misstrauen gegen Rot-Rot-Grün ist indirekt auch ein Misstrauen gegen Olaf Scholz, denn er hat diese Idee favorisiert. Deswegen glaube ich: Kein Bündnis des Gestern oder rückwärtsgewandt, sondern eine Idee, wie Deutschland stabil bleibt und wie wir es erneuern können. Und ich glaube, dass wir diesen Anspruch gut mit Armin Laschet dokumentieren können."

Um es mit Pippi Langstrumpf zu sagen: „Ich mache mir die Welt, wie sie mir gefällt." Die CDU/CSU setzte nach der Wahl das fort, was sie vor der Wahl begonnen hatte. Sie machte Fehler und sie bewies am Beispiel der beiden Vorsitzenden, wie zerstritten die vermeintlichen Schwesterparteien waren. Denn auf die Frage, ob er nicht der bessere Kanzlerkandidat gewesen wäre, konnte sich Söder nicht nur ein kleines Lachen nicht verkneifen. Er, der kaum eine Gelegenheit ausgelassen hatte, aus Bayern gegen Armin Laschet zu schießen, gab in der Elefantenrunde zu Protokoll: „Ich muss das mal menschlich und persönlich sagen. Ich habe großen Respekt vor Armin Laschet. In diesem Wahlkampf ist über so viel Unernsthaftes gesprochen worden, über Lebensläufe, über Lacher, über all diese Dinge, anstatt sich mit den ernsten Fragen zu beschäftigen. Und ihm ist viel, wie ich finde, Unrecht getan worden und deshalb hat er meinen Respekt und meine Unterstützung auch für diese Auseinandersetzung."

Hätte Söder zwischenzeitlich einmal genau zu Olaf Scholz hinübergesehen, hätte er in dessen Gesicht jenen Ausdruck wiedererkannt, der ihn schon einmal aufgeregt und dem er einen eigenen Namen verpasst hatte. Scholz schaute schlumpfig.

Wie ist der Mensch hinter dem Politiker?

Und ist das wichtig?

Ein paar Tage nach der Bundestagswahl las ich im *Spiegel* Folgendes: „Scholz ist ein Politiker, der vor allem für die Abwesenheit von Charisma bekannt ist, ein spröder Norddeutscher, ein Mann der kleinen Gesten und Reden. Niemand hält ihn für interessant genug, um sein Leben zwischen zwei Buchdeckel zu pressen." Das stimmt: Es gab bis zur Bundestagswahl keine Biografie, nicht einmal ein Buch über Olaf Scholz. Das hat mehrere Gründe. Erstens hatte sich bis dahin außerhalb Hamburgs kaum jemand ernsthaft für ihn interessiert. Zweitens müsste jede Biografie zwangsläufig auch viele private Einblicke gestatten und die hat Scholz in seinem Leben immer gut zu verhindern gewusst. Und drittens ist der Mensch Scholz zuallererst ein Politiker.

Wer ihn verstehen will, muss sich mit seiner Arbeit in den verschiedenen Ämtern beschäftigen, die er beinahe wie eine Ausbildung zum Bundeskanzler durchlaufen hat. Scholz war von 1982 bis 1988 stellvertretender Bundesvorsitzender der Jusos, von 1987 bis 1989 zudem Vizepräsident der International Union of Socialist Youth. Aus dieser Zeit stammt das Bild, auf dem er mit schulterlangem, vollem und lockigem Haar zu sehen ist und das vor der Bundestagswahl bei Berichten über ihn in Zeitungen oft gezeigt wurde, weil er darauf kaum wiederzuerkennen war. Er soll schon damals jemand gewesen sein, der anderen erklären konnte und wollte, wie die Welt funktioniert. 1998 versuchte er zum ersten Mal, in den Deutschen Bundestag zu gelangen, er gewann das Direktmandat im SPD-dominierten Wahlkreis Hamburg-Altona auf Anhieb. 2000 wurde er zum ersten Mal

Vorsitzender der Hamburger SPD, musste ein Jahr später aus einer Not heraus den Posten des Innensenators übernehmen. Es war eine schwere Zeit, in die die für Scholz bis dahin „dramatischsten Stunden" seines Lebens fielen. Am 11. September stürzten Terroristen mit Flugzeugen in die Türme des World Trade Centers in New York, wenig später führten die Spuren des Anschlags ausgerechnet nach Hamburg. Das *Hamburger Abendblatt* schrieb dazu: „Innensenator Olaf Scholz rückt plötzlich in den Mittelpunkt des weltweiten Interesses. In einer Nacht müssen die Hamburger alle Spuren sichern: Der Führungsstab der Innenbehörde aktiviert nach Feierabend das Einwohnerzentralamt, Bezirksämter, den Verfassungsschutz, den Staatsschutz. […] Es ist eine der Nächte, die große Politiker gebiert – wie einst die Sturmflutnacht, die einen Innensenator (damals hieß das Amt offiziell noch Polizeisenator) namens Helmut Schmidt republikweit bekannt machte. Scholz bleibt die ganze Nacht im Polizeipräsidium, erst am Morgen fährt er kurz nach Hause, um zu duschen, den Anzug zu wechseln. Danach geht es zurück nach Alsterdorf, ins Polizeipräsidium, wo 15 Kamerateams und 80 Journalisten warten. ‚Da war die ganze Weltpresse.' Scholz' größter Auftritt ist einer, auf den er gut hätte verzichten können. Aber es ist eine Feuertaufe, Scholz macht mit, was andere in Jahrzehnten nicht erleben – einen Crashkurs in Realpolitik."

Der endete abrupt, als die SPD den Hamburger Senat überraschend an ein Bündnis von CDU, Schill-Partei und FDP abgeben musste. Scholz kehrte zurück nach Berlin, wo er 2002 Generalsekretär der SPD wurde. Bundeskanzler Gerhard Schröder war von dem zupackenden, selbstbewussten und bisweilen nassforschen neuen Mann aus Hamburg begeistert und sagte, dass das einer sei, der auch Minister könne. Was sich allerdings erst bei Schröders Nachfolgerin bewahrheitete. Ausgerechnet in der Großen Koalition unter Führung der CDU und Angela Merkels, die seinen Förderer Schröder das Amt gekostet hatte, wurde

Scholz 2007 Arbeitsminister, nachdem er zuvor als Parlamentarischer Geschäftsführer der SPD-Bundestagsfraktion gearbeitet hatte. Es folgten die Zeit als Bürgermeister in Hamburg, das Bundesfinanzministerium. Am Ende wurde aus dem Vizekanzler der Kanzler Olaf Scholz, viel besser und vielfältiger kann eine Ausbildung auf dem Weg dorthin nicht sein.

Scholz dürfte in seiner langen Laufbahn nahezu jede politische Frage mindestens einmal durchdacht haben, die großen und grundlegenden mehrfach. Das war sein Vorteil gegenüber den anderen Kanzlerkandidaten, das wird auch sein Vorteil in der Bundesregierung sein, die er seit Ende 2021 führt. Niemand hat die Erfahrung, die Olaf Scholz hat, er hat sie sich hart erarbeitet.

Und, auch das unterscheidet ihn von manchem Spitzenpolitiker: Scholz hat zwischenzeitlich in einem anderen Beruf gearbeitet, in dem, den er nach seinem Abitur an einem Gymnasium in Hamburg-Rahlstedt (wo er Schulsprecher war) gelernt hatte. Er studierte in Hamburg Jura, machte sich als Anwalt selbstständig: „In dieser Zeit vertrat ich Hunderte Beschäftigte in Kündigungsschutzklagen." Aus dieser Zeit stammt auch Scholz' besondere Beziehung zu und sein besonderes Verständnis für die neuen Bundesländer. Im Laufe der Wiedervereinigung beriet er „viele neue Betriebsräte in den Verhandlungen mit der Treuhand-Gesellschaft".

Olaf Scholz war, wie so viele in seiner Generation, der Erste in der Familie, der das Abitur machte. Er hat das seinen Eltern zu verdanken, die beide in der Textilwirtschaft arbeiteten, und irgendwie auch der SPD. „Ich zähle zu denen, die die Chance genutzt haben, studieren zu können. Das habe ich wie viele andere auch dem Engagement sozialdemokratischer Bildungspolitiker zu verdanken." Der große Traum der SPD, den viele ihrer Kritiker für eine Illusion halten, hat Olaf Scholz schon als Jugendlicher fasziniert, er fasziniert ihn bis heute. Es ist der Traum, dass aus jedem Menschen etwas werden kann, unabhängig von seiner sozialen Herkunft, es ist die Idee, „dass es um jede und jeden in der Gesellschaft geht". Und es ist auch die Vorstellung, die Generationen von Eltern für das Leben ihrer Kinder hatten: Die sollten es einmal besser haben als sie.

In der Familie Scholz ist das gelungen. Olaf wurde Bundeskanzler, sein Bruder Ingo Chef eines IT-Unternehmens in Hamburg, der andere, Jens Scholz, Vorstandsvorsitzender des Universitätsklinikums Schleswig-Holstein. Olaf Scholz meint auch solche Lebensläufe, wenn er über die Chancen spricht, die er mit seiner Politik allen Menschen ermöglichen möchte. Vor allem will er aber, dass jede Lebensleistung respektiert wird, dass wir „nicht in einer Gesellschaft leben, in der der eine auf den anderen herabschaut".

Das ist sein Ziel, ein Ziel, das er mit Verstand, Leidenschaft und Herz verfolgt. Womit uns der Politiker Olaf Scholz zu dem Menschen Olaf Scholz gebracht hat, von dem man nach wie vor so wenig weiß, wenn man von den profanen Dingen absieht. Er kocht gern, er wandert gern, er liest viel, meistens Bücher, die sich im weitesten Sinne mit seiner Arbeit beschäftigen, kluge Gedanken von anderen klugen Köpfen. Er ist 1958 in Osnabrück zur Welt gekommen, aber in Hamburg-Altona getauft worden. Dass Scholz das auf seiner Internetseite explizit betont, mag für alle Menschen, die außerhalb Hamburgs wohnen, etwas kleinteilig wirken. In Hamburg, wo Menschen stolz darauf sind, in bestimmten Stadtteilen und dort in bestimmten Straßen zu leben und die eigene Familie mehrere Generationen nachverfolgen zu können (wenn denn auch wirklich alle in Hamburg geboren sind), spielt es eine Rolle. Scholz ist ein stolzer Hamburger geworden, er liebt die Stadt, in der er seit den 1990er-Jahren eine Vier-Zimmer-Wohnung in Hamburg-Altona gemietet hat, zuerst gemeinsam mit Andreas Rieckhof, der unter dem Bürgermeister Scholz Staatsrat in der Wirtschaftsbehörde wurde. Scholz hat die Wohnung behalten, nachdem er zu seiner Frau Britta Ernst nach

Potsdam gezogen ist, die 2017 in Brandenburg Ministerin für Bildung, Jugend und Sport geworden war. Die beiden haben sich in Hamburg auch mal nach einer Eigentumswohnung umgesehen, die war dem damaligen Bürgermeister Olaf Scholz dann aber „viel zu teuer. Die spinnen doch, solche Preise zu nehmen." Wenn ich mich recht erinnere, ging es um eine gut 120 Quadratmeter große Wohnung für etwa 800.000 Euro.

Grundsätzlich gilt Scholz als einer, dem Geld wenig bedeutet. Er hätte schon lange vor der Bundestagswahl nicht mehr arbeiten müssen, seine Pensionen aus den verschiedenen Ämtern hätten für ein mehr als auskömmliches Leben gereicht, ohne den Stress, die permanente Aufmerksamkeit, die vielen Sicherheitsbeamten. Doch Scholz hat nie wegen des Geldes in der Politik gearbeitet, er tat es, „weil ich es kann, weil es mir Spaß macht und weil ich dazu beitragen möchte, dass die Welt gerechter und friedlicher wird". Johannes Kahrs, ehemaliger SPD-Bundestagsabgeordneter aus Hamburg, hat Scholz einmal, weniger vornehm, so beschrieben: „Er ist energisch, hochintelligent, fleißig bis zum Erbrechen."

Und er ist, was andere zur Verzweiflung und oder zu der Einschätzung treiben kann, vor einer emotionslosen Politikmaschine zu stehen, unendlich entspannt und gelassen. Scholz hat mir einmal in einem Gespräch gesagt, dass er nun mal so sei, wie er sei. Er könne nichts dafür, er ruhe tief in sich, auch wenn das andere manchmal ärgere oder nerve. Er brauche nicht einmal Ablenkungen, Freizeit- oder sonstige Beschäftigungen, um von all dem, was er täglich erlebt, runterzukommen. Er kommt, wenn man das so sagen kann, gar nicht erst hoch.

Dass er vor 23 Jahren mit Sport angefangen hat, dem Sport, den er als Schüler so gehasst hat, hatte weniger etwas damit zu tun, dass er den Kopf freikriegen wollte. Scholz war schlicht körperlich nicht fit, „am Anfang habe ich es nicht einmal geschafft, zwei Runden in dem kleinen Park in unserer Nachbarschaft zu drehen". Das ist inzwischen ganz anders. Auf die Frage, woran er denkt, wenn er durch eine Stadt läuft oder auf einem See rudert, antwortet Olaf Scholz aber bis heute: „Ich denke an nichts." Das passt zu einem anderen Satz, der in der Vergangenheit gern zitiert worden ist, wenn es um seinen Lebens- und Politikstil ging: „Don't complain, don't explain." Beschwer dich nicht, rede nicht drüber.

Dass so ein (Macht-)Mensch es schwer hat, die Herzen der Menschen zu erreichen, auch wenn er immer wieder beteuert, mit großem Herzen und großer Leidenschaft Politik zu machen, erklärt sich von selbst. Olaf Scholz musste in seiner politischen Karriere über den Verstand kommen und er musste den direkten Kontakt zu den Leuten suchen. Nicht die großen Säle mit Tausenden Besuchern waren seine Stärke, nicht der Auftritt im Bierzelt. Scholz' Wirkung war umso besser, je überschaubarer die Zahl seiner Zuhörerinnen und Zuhörer war. Er machte schon sogenannte Town Hall Meetings, als es die so in Deutschland noch gar nicht gab, lud während seiner Zeit in Hamburg regelmäßig Bürgerinnen und Bürger zu Treffen ein. Wenn nur 50 kamen, dann kamen eben nur 50, und wenn die Gesprächsrunden bis tief in den Abend dauerten, dann dauerten sie eben so lange.

Meine Eltern, die aus Hamburg-Harburg stammen, einem Stadtteil südlich der Elbe, haben einmal an so einer Veranstaltung mit Scholz teilgenommen; sie waren bis dahin keine Fans von ihm. Hinterher sagte mein Vater: „Der wusste auf jede Frage eine Antwort." Und meine Mutter: „Der hat keinen Fragesteller gehen lassen, bevor er nicht mit ihm gesprochen hatte." Als die Veranstaltung offiziell zu Ende war, hat Scholz all denen, die noch nicht drangekommen waren, angeboten, ihre Belange im Einzelgespräch zu klären. Die Warteschlange, die sich daraufhin bildete, arbeitete er wirklich ab, bis niemand mehr übrig war. Es waren solche Abende, mit denen Olaf Scholz punkten konnte,

„weil er ein Wissen hat, das sonst kaum ein Politiker hat", sagt sein Intimus Wolfgang Schmidt. „Er kann zu jedem Thema etwas sagen, er ist Generalist und Spezialist in einem."

Hatten meine Eltern das Gefühl, dem Menschen Scholz nach dem Treffen näher gekommen zu sein? Nein, sagten sie, aber darauf käme es bei einem Politiker doch auch nicht an.

Und dabei wollte ich eigentlich noch schreiben, dass Olaf Scholz gern Jazzmusik hört, dass er in seiner Aktentasche immer sein rotes Parteibuch dabeihat. Und dass er als Kind einen schwarzen Kater mit dem Namen Burle hatte ...

Scholz und die Liebe

Die Beziehung zu Britta Ernst sagt viel über sein Verständnis von Frauen in Politik und Gesellschaft

Wenn Olaf Scholz über seine Frau spricht, dann nennt er sie nicht „meine Frau", sondern Britta Ernst.

Wenn Britta Ernst über ihren Mann spricht, dann nennt sie ihn nicht „meinen Mann", sondern Olaf Scholz.

Diese Eigenart, die auf manche spleenig wirken mag, illustriert das Grundverständnis, dass das Ehepaar Ernst/Scholz von einer Beziehung zwischen Mann und Frau und vom Verhältnis der Geschlechter hat. Olaf Scholz ist seit seiner Zeit als Juso ein Feminist, im Jahr 2021 wahrscheinlich der entschiedenste unter den männlichen Politikern jenseits der 60. Während sich Edmund Stoiber, der ehemalige bayrische Ministerpräsident und CSU-Vorsitzende, anlässlich seines 80. Geburtstages bei seiner Frau Karin bedankte, dass sie das Familienleben vier Jahrzehnte dem Rhythmus der Politik angepasst habe (was wenig anderes als das klassische „Meine Frau hat mir den Rücken freigehalten, ohne sie hätte ich diese Karriere nicht machen können" meinte), konnte Scholz schon ärgerlich werden, wenn Medien über Britta Ernst unter der Frage „Wer ist die Frau an der Seite des Kanzlers?" berichteten.

Britta Ernst und Olaf Scholz halten nichts von dieser Formulierung, die suggeriert, dass die Leistung einer Frau darin bestehen könnte, die Partnerin eines Mannes zu sein. Seit sie verheiratet sind, seit 1998, wollten sie genau diesen Eindruck vermeiden und immer eine gleichberechtigte Partnerschaft auf Augenhöhe führen, die damit begann, dass Britta Ernst ihren Namen behielt und nicht, wie das Ende der 1990er-Jahre noch stärker üblich war als heute, den des Mannes annahm. Man hat die beiden in der Vergangenheit selten zusammen bei offiziellen Ereignissen gesehen, bei denen es darum ging, dass der eine den anderen begleitete, ohne eine eigene Rolle zu haben. Nur nach den großen Wahlsiegen von Olaf Scholz hat Britta Ernst eine Ausnahme gemacht, etwa 2011 bei der Hamburger Bürgerschaftswahl oder eben 2021 bei der Bundestagswahl.

Kurz nach der Bekanntgabe der ersten Hochrechnungen, die die SPD vorn sahen, trat Britta Ernst zusammen mit Olaf Scholz auf die Bühne im Willy-Brandt-Haus und man konnte ihnen beiden ansehen, dass sie mit der Situation fremdelten, Ernst noch mehr als Scholz. Während der in die Menge winkte, stand sie unbewegt anderthalb Meter daneben, vielleicht weil man das in so einer Situation so macht, vielleicht weil sie in diesem wichtigen Augenblick einfach in der Nähe ihres Mannes sein wollte. Aber das Bild zeigte: Es ist im Jahr 2021 verstörend, wenn ein Mann seine Frau mit auf eine Bühne bringt, nur weil sie seine Frau ist und nicht, weil sie, wie etwa Saskia Esken, die auch dort oben stand, noch etwas zu sagen haben sollte.

Es ist schwer vorstellbar, dass es in der Legislaturperiode von Olaf Scholz oft zu ähnlichen Szenen kommen wird oder dass Britta Ernst bei Treffen mit anderen Staats- und Regierungschefs das sogenannte Frauenprogramm mitmacht, das immer noch so heißt, obwohl es in der Zwischenzeit auch etliche Männer gibt, die nicht Regierungschef, sondern Partner einer Regierungschefin sind. Das bedeutet nicht, dass Britta Ernst nicht zu Terminen mitkommen wird, die ihr Freude machen könnten. Entscheidend wird aber sein, dass sich ihre Rolle dabei nicht darauf beschränkt, „seine" Frau zu sein, sondern dass sie *und* Olaf Scholz etwas davon haben. In Hamburg hat man die beiden öfter beim Presseball im Hotel Atlantic gesehen, wo sie gemeinsam bis tief in die Nacht getanzt haben, so wie das Paare tun, ganz gleich, ob der eine nun Bürgermeister ist oder nicht.

Wer Britta Ernst und Olaf Scholz zusammen erlebt, erlebt ein glückliches Paar, dessen Beziehung auch nach außen merklich von Respekt geprägt ist. Früh haben beide entschieden, Politik machen zu wollen, schnell entpuppten sich beide dafür als hochtalentiert. In ihren Eigenschaften sind sie sich dabei ähnlich. Ernst und Scholz sind eher ruhige, fleißige und akribische Menschen, die auf die Kraft der Argumente und der Fakten setzen. Während Olaf Scholz recht schnell seinen Weg nach Berlin und in die Bundespolitik ging, machte Britta Ernst, gelernte Diplom-Volkswirtin und Diplom-Sozialökonomin, in Hamburg Karriere. Sie arbeitete als persönliche Referentin für die Stadtentwicklungssenatoren Traute Müller und Thomas Mirow, zog 1997 zum ersten Mal als Abgeordnete in die Hamburgische Bürgerschaft ein. Dort war sie unter anderem gleichstellungspolitische Sprecherin, das Thema ist auch politisch einer ihrer Schwerpunkte, sie wurde stellvertretende Fraktionsvorsitzende und Parlamentarische Geschäftsführerin der SPD-Fraktion. Vor allem entwickelte sie sich aber zur angesehensten Schulexpertin der Hamburger Politik und bald war klar: Sollte die SPD bei einer der nächsten Wahlen die Rückkehr ins Rathaus schaffen und Bürgermeister Ole von Beust (CDU) ablösen, wäre Britta Ernst als die neue Schulsenatorin gesetzt. Es gab in Hamburg, mindestens in der SPD, keine, die dafür besser geeignet gewesen wäre und die mehr dafür getan hatte.

2011 war es dann so weit. Die SPD gewann mit fast der Hälfte aller Stimmen in Hamburg triumphal die Bürgerschaftswahl, konnte allein regieren und alle Senatorenposten besetzen. Der Bedarf an geeigneten Leuten war also groß. Und trotzdem ging Britta Ernst leer aus.

Das hatte weder etwas mit ihren Fähigkeiten noch mit ihrer Bereitschaft, sondern ausgerechnet mit dem Thema zu tun, auf das sie sich spezialisiert hatte. Britta Ernst erlebte am eigenen Leib, wie die Karriere leiden kann, weil der Partner Karriere macht. Der Mann, der in Hamburg neuer Bürgermeister wurde, war nämlich ihr Mann, Olaf Scholz. Sein Wiedereinstieg in die Hamburger Politik bedeutete ihren Ausstieg, und dass es so weit kommen konnte, kommen musste, haben beide als Niederlage empfunden. Denn genau gegen solche Situationen, gegen unfaire Abhängigkeiten einer Frau von dem, was ihr Mann unternimmt, hatten sie jahrelang gekämpft.

Dass dieser Kampf noch lange nicht beendet war, zeigte sich 2011, als in Hamburg vorsichtig darüber diskutiert wurde, ob es nicht auch möglich sein müsste, dass ein Ehepaar einer Regierung angehört. Ob es nicht ungerecht wäre, wenn eine Frau, die als die mit Abstand beste Kandidatin für das Amt der Schulsenatorin galt, dieses nur nicht erhält, weil sie mit dem falschen Mann verheiratet ist. Die Zeit war für eine solche Konstellation offenbar nicht reif, es hätte wohl gegen „Moral und Sitte" verstoßen, wenn Scholz Britta Ernst zur Senatorin gemacht hätte, auf jeden Fall hätte es ihn angreifbar gemacht.

Und so hatte Britta Ernst den Sieg der SPD zusammen mit vielen anderen Genossinnen und Genossen in der Hamburger Fabrik gefeiert, um dann, zumindest politisch, ihr gewohntes und geschätztes Umfeld verlassen zu müssen, in dem sie sich so viel aufgebaut hatte. In einer persönlichen Erklärung aus dem Jahr 2011 hat sie damals geschrieben: „In keinem Bereich ist es richtig, dass Veränderungen bei einem Partner mit dem Verzicht des anderen begleitet werden." Politisches Handeln werde ständig kontrolliert, die Gefahr, dass private Verbindungen politische Beschlüsse beeinflussen, sei also gering und wenn, dann könne man sie nicht geheim halten. Ernst schrieb wörtlich: „Ich kann Bedenken gegen solche Konstellationen nachvollziehen, jedoch nicht, dass sie in jedem Fall zum Verzicht eines Teils führen müssen."

Infolge der Bürgerschaftswahl 2011 tauschten Ernst und Scholz ihre politischen Betätigungsfelder. Während er als Bürgermeister nach Hamburg zurückkehrte, ging sie nach einer kurzen Übergangszeit nach Berlin, um dort Verwaltungschefin der SPD-Bundestagsfraktion zu werden. 2014 wurde sie dann doch noch Schul- beziehungsweise Bildungsministerin, allerdings nicht in Hamburg, sondern im benachbarten Schleswig-Holstein. Mein Kollege Peter-Ulrich Meyer, der für das *Hamburger Abendblatt* seit Jahrzehnten die Landespolitik beobachtet, formulierte dazu diese sehr klugen Sätze: „Dann ist ja alles in Ordnung, könnte mancher sagen. Sie hat eben nur einen Umweg nehmen müssen. Diese Interpretation führt in die Irre, denn es ging Ernst – wie auch Scholz – nie um eine Karriere nur um der Karriere willen. Und der notgedrungene Verzicht auf einen Senatsposten in Hamburg ist in ihrer Biografie deswegen so wichtig, weil er das Selbstverständnis der Politikerin Ernst exemplarisch beleuchtet."

Britta Ernst hatte 2009 schon zum Zukunftsteam des damaligen SPD-Spitzenkandidaten für die Landtagswahl in Schleswig-Holstein, Ralf Stegner, gehört. Doch Stegner verlor die Wahl. Torsten Albig, der drei Jahre später Ministerpräsident des Landes wurde, erinnerte sich an Ernst, nachdem seine Bildungssenatorin Waltraud Wende zurückgetreten war. Ernst wurde Wendes Nachfolgerin, regierte klug, pragmatisch, arbeitete sich in kürzester Zeit in die neue Aufgabe ein. Die Enttäuschung aus dem Jahr 2011 in Hamburg schien vergessen, sie hatte in Schleswig-Holstein eine neue politische Heimat gefunden und war zuversichtlich, dort auch über das Jahr 2017, in dem eine neue Landtagswahl anstand, bleiben zu können. Ministerpräsident Albig lag wenige Monate vor dem Wahltermin in Umfragen deutlich vor der schleswig-holsteinischen CDU, die sich vor allem mit internen Machtkämpfen beschäftigte. Aus denen blieb als Spitzenkandidat am Ende ein Mann übrig, der wie eine Notlösung aussah und den Albig lange nicht ernst nahm: Daniel Günther.

Albig sah sich als sicherer Sieger, sprach in der *Bunten* offen über die Trennung von seiner Ehefrau sowie die geplante Hochzeit mit seiner neuen Lebensgefährtin. In einem Gespräch sagte er mir: „Wir müssen auch die Menschen hinter den Politikern zeigen. Und das geht nicht, indem ich ausschließlich über Steuerrechtsveränderungen oder politische Machtspielchen rede." Den Wahlkampf im für die Entscheidung in Schleswig-Holstein so wichtigen Hamburger Umland überließ der Ministerpräsident in Teilen dem erfolgreichen Bürgermeister des Stadtstaates. Olaf Scholz machte Termine, als würde er selbst kandidieren, und Albig war dankbar: „Ich bin ja nicht naiv. Ich weiß, dass meine Freunde zum Beispiel in Reinbek sich nach Hamburg orientieren und ihnen deshalb Olaf Scholz näher ist als der Ministerpräsident in Kiel. Wenn es über Scholz gelingt, dass die SPD in Schleswig-Holstein noch stärker wird, ist das doch wunderbar." Und weiter: „Olaf Scholz macht das großartig. Ich bin immer wieder darüber erfreut, wie viel Spaß ihm das bereitet, für mich in den Wahlkampf zu ziehen."

Warum ich diese Geschichte in einem Kapitel erzähle, in dem es um Britta Ernst und Olaf Scholz gehen soll? Weil Albig die Wahl am Ende und trotz Scholz' massiven Einsatzes durch viele Anfängerfehler verlor und damit Britta Ernst ihre lieb gewonnene Rolle als Bildungsministerin. Die Wahlniederlage erschütterte und betrübte sie und damit auch Olaf Scholz. Ernst tauchte ab, war wochenlang nicht zu sehen, bis sie Ende August 2017 dem *Hamburger Abendblatt* ein erstes Interview gab: „Ich vermisse meine Mitarbeiter, die Abgeordneten der SPD-Landtagsfraktion. Das sind Menschen, mit denen man mehr Zeit verbracht hat als mit dem Lebenspartner. Ich habe sie sehr gemocht und sie mich auch!"

Olaf Scholz blieb nicht so lange ruhig, er tobte bereits kurz nach der Wahl hinter und manchmal auch vor den Kulissen, klagte über Albigs Dilettantismus und ärgerte sich, dass der nicht halb so engagiert für seinen eigenen Wahlsieg gekämpft hatte wie er, Scholz, selbst. Vor allem dürfte er aber sauer gewesen sein, dass Britta Ernst ohne eigenes Verschulden erneut ohne Aufgabe dastand.

Wer einen Olaf Scholz erleben will, der Gefühl zeigt, im Guten wie im Schlechten, muss ihn auf seine Frau ansprechen. Früher hat er sich schwergetan, über so etwas wie Liebe im Allgemeinen und die Liebe zu seiner Britta im Besonderen zu reden, inzwischen macht er das, für seine Verhältnisse, mit Herz und Leidenschaft. In der *Bunten* sagte Scholz vor der Wahl: „Britta ist die Liebe meines Lebens, unverändert seit so langer Zeit. Ämter kommen und gehen, die Liebe bleibt." Deutlich kürzer, aber fast noch rührender ist der Satz, den er auf seiner Internetseite wie folgt vervollständigte: „Meine Frau bedeutet für mich … alles."

Weil das so ist, empörte eine Frage bei *Brigitte Live* Olaf Scholz wie wahrscheinlich keine andere im Wahlkampf 2021. *Brigitte*-Chefredakteurin Brigitte Huber und Meike Dinklage, die Leiterin des Ressorts Zeitgeschehen der Zeitschrift, hatten Scholz in einem bereits 43 Minuten dauernden Gespräch jede Menge hörenswerte Neuigkeiten und Einschätzungen entlockt, als auf der großen Leinwand hinter ihm ein Bild von Britta Ernst und ihm zu sehen war und Dinklage folgende Frage stellte:

„Wird Ihre Frau weiterarbeiten, sollten Sie Kanzler werden?"

Scholz' Gesichtszüge froren ein, der Blick wurde starr: „Meine Frau ist eine erfolgreiche Politikerin und jetzt in einem zweiten Bundesland Ministerin." Er brach ab.

Dinklage fragte: „Heißt, sie wird weiterarbeiten?"

Scholz: „Das ist ehrlicherweise eine Frage, die mich empört, wenn ich das ganz offen sagen darf. Ich weiß nicht, ob die auch Männern gestellt wird, die Ehegatten sind. Ich finde es schon so, dass es möglich sein muss, dass eine großartige Politikerin und ein Politiker eine Laufbahn haben können, dass nicht der eine davon abhängig ist, was bei der anderen passiert. Das ist für mich auch ein Ausdruck dafür, dass es bei uns in der Gesellschaft mit der Gleichstellung noch nicht so weit her ist, dass diese Fragen überhaupt erörtert werden."

Und das auch noch bei einer Frauenzeitschrift! Die Episode dürfte Scholz schmerzlich daran erinnert haben, dass er mit seiner Einschätzung aus Juso-Zeiten, die Probleme mit der Gleichberechtigung „haben sich in spätestens 20 Jahren" erledigt, falsch gelegen hatte. Er, der als einer der ersten Politiker lange vor der Gender-Diskussion damit begonnen hatte, immer von Wählerinnen und Wählern, Bürgerinnen und Bürgern zu sprechen, musste die Tatsache, dass man so eine Frage im Jahr 2021 einem Mann wie ihm stellen konnte, wie einen Schlag ins Gesicht empfunden haben. Und er fühlte sich bestätigt darin, dass er als (männlicher) Bundeskanzler für die Gleichberechtigung von Frauen und Männern noch viel mehr tun muss, als es die Kanzlerin Angela Merkel getan hat. Scholz hatte schon als Hamburger Bürgermeister Wert darauf gelegt, dass der Senat, wenn irgend möglich, zahlenmäßig annähernd gleich mit Männern und Frauen besetzt war. Er ließ einmal sogar die Stelle des Kultursenators lange offen, obwohl es mit Carsten Brosda einen über alle Maßen geeigneten Kandidaten gab, für den die Theater- und anderen Kulturschaffenden sogar Unterstützerbriefe schrieben. Scholz hatte nichts gegen Brosda, im Gegenteil, man muss ihn zum Kreis seiner engeren Vertrauten zählen. Aber Brosda war eben ein Mann und die waren damals im Senat in der Überzahl (am Ende gab Scholz, eher untypisch für ihn, dem öffentlichen Druck nach und ernannte Brosda doch zum Kultursenator).

Moderatorin Dinklage entschuldigte sich zum Schluss des oben zitierten Gesprächs bei Olaf Scholz: „Das war die dusseligste Frage, die ich in den letzten Monaten gestellt habe, die nach Ihrer Frau. Und ich finde es super, wie Sie reagiert haben."

Das Problem bleibt. Scholz, der Bundeskanzler, und Ernst, die Bildungsministerin aus Brandenburg, werden in ihren verschiedenen Rollen weiter darauf aufmerksam machen. Privat werden sie sich nach der Bundestagswahl 2021 voraussichtlich noch weniger sehen als in der Vergangenheit, gemeinsame Zeiten sind rar und deshalb kostbar, aber auch das war so abgemacht. Die beiden haben ihr Leben – und jetzt wird es so pathetisch, wie es weder Britta Ernst noch Olaf Scholz jemals werden würden – dem jeweils anderen und der Politik geschenkt, wobei das vielleicht dasselbe ist. Und in einem Punkt ist es auf jeden Fall besser geworden: Ernst und Scholz wohnen endlich dauerhaft wieder in einer gemeinsamen Wohnung. Auch wenn die nicht in Hamburg, sondern in Potsdam liegt.

Die Ampel, nichts als die Ampel

Warum Jamaika Scholz
nie beunruhigt hat

Eine Woche nach der Bundestagswahl wurde Olaf Scholz in einem Interview eine kurze und scheinbar einfache Frage gestellt. Sie lautete: „Werden Sie Kanzler, Herr Scholz?"

Scholz antwortete: „Ja."

Dabei hatte sich Armin Laschet gerade erst durchringen können, ihm zum Wahlsieg zu gratulieren. Was die Bildung der nächsten Bundesregierung anging, hatte sich die Lage seit dem Wahlsonntag nicht verändert. Laschet tat immer noch so, als wäre eine Jamaika-Koalition von CDU/CSU, FDP und Grünen ähnlich möglich wie ein Ampel-Bündnis aus SPD, FDP und Grünen. Er empfange klare Signale von den Liberalen, dass diese lieber mit der Union etwas zusammen machen würden, ließ Laschet verlauten und meinte damit wohl: Auf meinen Freund Christian kann ich mich verlassen. Mit Lindner hatte er in Nordrhein-Westfalen eine schwarz-gelbe Landesregierung auf den Weg gebracht.

Während die CDU/CSU also signalisierte, trotz ihrer Wahlniederlage jederzeit für Gespräche offen und bereit zu sein, „Verantwortung für Deutschland" zu übernehmen, hatten die Grünen und die FDP sich gerade die ersten Male getroffen, um zu sehen, ob und wie man die mehr als offensichtlichen Unterschiede überbrücken könnte. Nach dem ersten, geheim gehaltenen Abendtermin posteten Lindner, FDP-Generalsekretär Volker Wissing und die Grünen-Vorsitzenden Annalena Baerbock und Robert Habeck ein Selfie, das ein neues Selbstbewusstsein und Anspruchsdenken der vormals kleinen Parteien zum Ausdruck brachte.

Und Olaf Scholz? Der sagte auf die Frage, ob er Kanzler wird, einfach so: „Ja." Man hätte das angesichts der beschriebenen Umstände für unvorsichtig halten können, für waghalsig vielleicht, aber wir wissen inzwischen: So ist Scholz nicht. Er hätte nichts gesagt, was seinen Einzug ins Kanzleramt noch hätte verhindern können. Scholz knüpfte nur an die Geschichte an, die er allen seit Jahren erzählt hatte, und verriet, sozusagen im letzten Kapitel, wie die Scholz-Story zu Ende geht.

Wir erinnern uns: Nahezu alles, was Scholz vorhergesagt hatte, war eingetroffen, von seiner Kanzlerkandidatur für die SPD über den Umschwung der Stimmung sechs Wochen vor der Wahl bis hin zu einem Ergebnis von 20 Prozent plus x, das ausreicht, um Kanzler zu werden. Nur in zwei Details wich die Wirklichkeit von der Scholz'schen Prophezeiung ab. Punkt eins: Die SPD landete vor der CDU/CSU, Scholz hatte sich eigentlich nur vorgenommen, vor den Grünen zu stehen. Punkt zwei: Die Möglichkeit, mit SPD, Grünen und Linken eine Regierung zu bilden, ergab sich nach der Bundestagswahl nicht. Dafür hatte Scholz, auch für ihn überraschend, eine andere Alternative zu einem Ampel-Bündnis in der Hinterhand. Wenn gar nichts ginge, wenn sich weder seine SPD noch die CDU/CSU mit Liberalen und Grünen einigen würden, könnte es wieder das geben, was man in der deutschen Vergangenheit immer eine Große Koalition genannt hat. Mit dem feinen, aber entscheidenden Unterschied zur letzten Legislaturperiode, dass diesmal die SPD den Kanzler stellen würde und nicht die CDU/CSU.

Ein erneutes rot-schwarzes Bündnis war der ultimative Albtraum von Grünen und Liberalen. Ich hatte Robert Habeck in einem Gespräch Anfang 2021 gefragt, ob nicht nahezu sicher sei, dass die Grünen der nächsten Bundesregierung angehören würden. Für ihn war das nicht selbstverständlich, er antwortete: „Im Moment spricht einiges dafür, dass die SPD und die CDU sagen, die Grünen sind uns zu anstrengend, weil wir Dinge ändern und mit dem Klimaschutz ehrgeiziger werden wollen. Und wenn dann Olaf Scholz kommt und sagt: Ich mache alles für die Hälfte, dann haben wir schnell wieder eine Große Koalition." Ersetze Scholz durch Laschet und die Gefahr war neun Monate später, im Oktober 2021, wieder real.

Scholz wusste: Robert Habeck, Annalena Baerbock und Christian Lindner würden nach den Erfahrungen von 2017 alles dafür tun, dass nicht noch einmal eine Situation entsteht, in der der Bundespräsident die beiden großen Parteien an ihre staatspolitische Verantwortung erinnern muss. Weil der Druck so groß war, diesmal ein Dreierbündnis zustande zu bringen, waren Liberale und Grüne überhaupt auf die Idee gekommen, sich allein zu treffen. Die Gefahr, dass eine der beiden Kanzlerparteien versuchen könnte, die beiden kleineren gegeneinander auszuspielen, sollte gar nicht erst entstehen. 2017 durfte sich nicht wiederholen, auch wenn Christian Lindner mir in einem langen Gespräch wenige Tage vor der Wahl auf die Frage, ob seine Partei nicht dieses Mal zum Regieren verdammt sei, sagte: „Wir wollen gern regieren. Aber wie 2017 gilt: Unsere Glaubwürdigkeit, unsere Überzeugungen sind uns gegenüber den Menschen wichtiger als individuelle Karrieren. 2017 hätte ich Finanzminister und Vizekanzler werden können, das war ein faszinierendes Angebot, ich wäre der jüngste Vizekanzler Deutschlands gewesen. Aber wenn man dafür all das verraten muss, was man den Wählern vor der Wahl versprochen hat, dann ist der Preis zu hoch."

„Überzeugungen sind wichtiger als Karrieren" klang wie die 2021-Version von „Lieber nicht regieren, als falsch zu regieren", wahrscheinlich musste ein FDP-Chef so etwas vor einer Wahl sagen. Genau wie diese Sätze über ein mögliches Bündnis mit der SPD und den Grünen: „Mir fehlt tatsächlich die Fantasie, welches inhaltliche Angebot Olaf Scholz und Annalena Baerbock der FDP machen könnten, das zugleich von Saskia Esken, Kevin Kühnert, Anton Hofreiter und Jürgen Trittin akzeptiert wird.

Und man muss in Erinnerung rufen, dass Olaf Scholz vor der Hamburger Bürgerschaftswahl 2015 ausgeschlossen hatte, danach überhaupt mit der FDP zu reden. Das sagt viel über seinen eigenen politischen Standpunkt aus. Sowohl die SPD als auch die Grünen denken vom Staat aus, wir denken eher vom einzelnen Menschen her. Da fangen die Probleme schon an. Der Weg von SPD und Grünen zur Linkspartei ist kürzer als der Weg von der FDP zu Rot-Grün." Oder dieses über Olaf Scholz: „Seine Haushaltspolitik vor der Pandemie war ruinös, der Staatshaushalt ist in einem sehr schlechten Zustand."

Wie ernst diese Zitate zu nehmen waren, zeigt, dass zwischen ihrer Veröffentlichung und ersten Sondierungsgesprächen zwischen SPD, Grünen und FDP knapp zwei Wochen lagen … Lindner hatte keine Wahl, als das Projekt Ampel anzugehen, das wusste er und das wusste Olaf Scholz und dafür gab es eine Reihe von Gründen.

Der erste war, so banal das klingen mag, dass die SPD bei der Bundestagswahl stärkste Partei geworden war. Nun hat die stärkste Partei in der Geschichte der Bundestagswahlen zwar nicht immer am Ende den Kanzler gestellt, die CDU/CSU wies in ihrer Verzweiflung mehrfach darauf hin, aber normalerweise war das schon so. Moralisch ergab sich aus dem ersten Platz auf jeden Fall der Anspruch, den Kanzler zu stellen.

Den hätte man als FDP ignorieren können, wenn die Union nicht ihrerseits das schlechteste Ergebnis der Bundestagswahlgeschichte erzielt hätte, Grund Nummer zwei. Christian Lindner hätte, falls er sich auf Gespräche über eine Jamaika-Koalition eingelassen hätte, dem großen Verlierer geholfen, an der Regierung zu bleiben. Und damit, Grund Nummer drei, auch dem Mann, der in allen persönlichen Umfragen deutlich hinter Olaf Scholz lag. Armin Laschet zum Kanzler zu wählen, wäre eine mehrfache Ignorierung des Wählerwillens gewesen, die so gar nicht zum Selbstverständnis der Liberalen gepasst hätte. Überhaupt, die Umfragen und damit zu Grund Nummer vier: Mit jeder Woche, die verging, wuchs der am 26. September ermittelte Abstand zwischen SPD und CDU/CSU weiter. Am 15. Oktober sah die Forschungsgruppe Wahlen die Union erstmals bei einer bundesweiten Befragung unter 20, bei 19 Prozent, die Sozialdemokraten dagegen bei 28 Prozent.

Da mochte Christian Lindner Armin Laschet persönlich noch so nahestehen und der Weg von den Liberalen zur CDU/CSU der kürzeste sein – er war schlicht versperrt. Übrigens auch, weil die FDP und die Grünen schon bald gar nicht mehr so recht wussten, mit wem sie verhandeln sollten. Mit Armin Laschet? Oder war der morgen vielleicht schon nicht mehr da? Und war es nicht überhaupt etwas seltsam, dass dessen Zukunft entweder Kanzler (wenn sich die kleinen Parteien erbarmten) oder Ende der politischen Karriere hieß? War es das, was die Grünen und die Liberalen ihren Wählerinnen und Wählern mit einem Neuanfang versprochen hatten?

Ich habe zu dem Thema in der ersten Oktoberwoche einen Witz gehört. Armin Laschet erzählt im CDU-Präsidium stolz, dass er die FDP und die Grünen doch noch von einer Jamaika-Koalition überzeugt hat. „Wie hast du das denn geschafft?", will ein Parteifreund wissen. „Das war ganz einfach", sagte Laschet. „Der Robert wird Kanzler und Christian sein Finanzminister."

Die Realität war kurz nach der Bundestagswahl so weit von dem kleinen Gag nicht entfernt. Laschet wirkte, als sei er bereit, Grünen und FDP allergrößte Zugeständnisse zu machen. Dass er nicht in die Verlegenheit kam, lag schließlich auch daran, dass die Grünen beschlossen, ihre 120.000 Mitglieder über einen Koalitionsvertrag abstimmen zu lassen. Die Wahrscheinlichkeit, dass es dabei ein Ja für eine Jamaika-Koalition mit einer CDU/CSU gegeben hätte, die die grüne Fraktionschefin Katrin Göring-Eckardt weder als „sondierungs- noch als regierungsfähig" bezeichnete, war so gering, dass man darüber nicht lange nachdachte.

Die Ampel-Koalition musste gelingen, je schneller und geräuschloser, desto besser. Olaf Scholz war das sofort klar, den kleinen Parteien wahrscheinlich auch. Allein der guten Ordnung halber und um dem Wahlsieger SPD vielleicht doch irgendwie zu signalisieren, dass man im Falle eines Falles auch anders könnte, trafen sich FDP und Grüne zu Vorabgesprächen mit der CDU/CSU. Und fanden einen geschickten Weg, diese nicht fortzusetzen. Man bestand auf absoluter Vertraulichkeit, wohlwissend, dass nahezu alles, was in der Union passierte, kurze Zeit später in *Bild-TV* zu hören oder auf *bild.de* zu lesen war. Die Kolleginnen und Kollegen dort hatten schon über Ministerpräsidentenkonferenzen oder die Auswahl des CDU/CSU-Kanzlerkandidaten wie in einem Liveticker berichtet, die undichten Stellen aus der Union lieferten auch aus den Gesprächen mit FDP und Grünen verlässlich. Auf jeden Fall schrieb *Bild*, was besprochen worden war, und die Betroffenen hatten einen guten Grund, auf weitere Kontakte verzichten.

Johannes Vogel von der FDP schrieb auf *Twitter*: „Es gab vergangenes Wochenende drei Sondierungsgespräche, an denen ich für die FDP auch teilgenommen habe. Aus zweien liest und hört man nix. Aus einem werden angebliche Gesprächsinhalte an die Medien durchgestochen. Das fällt auf, liebe Union – und es nervt."

Michael Kellner, Generalsekretär der Grünen, schrieb wenig später ebenfalls auf *Twitter*: „Es gab in den letzten Tagen vier Sondierungsgespräche. Aus zweien liest und hört man nix. Aus zweien werden angebliche Gesprächsinhalte an die Medien durchgestochen. Das fällt auf, liebe Union – und es nervt!"

Spätestens zu diesem Zeitpunkt, am 4. und 5. Oktober, hatte sich die Sache mit Jamaika erledigt. Und Olaf Scholz? Der konnte schon an seiner nächsten Geschichte arbeiten.

An der Scholz-Story, Teil II.

Die Scholz-Story, Teil II

„Ich habe noch zehn gute Jahre in der Politik"

Um seinen 60. Geburtstag im Jahr 2018 herum sagte Olaf Scholz einen Satz, der wenig Beachtung fand: „Ich habe noch zehn gute Jahre in der Politik." Obwohl Scholz damals schon von Hamburg nach Berlin gewechselt und Bundesfinanzminister sowie Vizekanzler in der Großen Koalition war und begonnen hatte, seine Scholz-Story zu erzählen, bezog ich die Äußerung schlicht auf sein Lebensalter. Es klang, als würde Scholz sich zutrauen, bis zu seinem 70. Lebensjahr Politik machen zu können, um seine Karriere dann auslaufen zu lassen.

Aus heutiger Sicht, nach der Bundestagswahl 2021, ist der Satz auf jeden Fall falsch und meine Interpretation war es sowieso. Denn Olaf Scholz hat nicht noch ein paar gute Jahre in der Politik vor sich, es könnten die besten seines Lebens werden, auf jeden Fall werden es die wichtigsten. Scholz war 63, als er Bundeskanzler wurde, er wird 67 Jahre alt sein, wenn er sich zur Wiederwahl stellt, wovon ich fest ausgehe. Was danach passiert, ob er im Fall einer erneuten Legislaturperiode mit 71 aus der Politik ausscheidet, ob es bis dahin vielleicht eine Begrenzung der Amtszeit eines Kanzlers geben wird, man weiß es nicht. Interessant ist, dass Olaf Scholz inzwischen gesagt hat, dass man Politik mit Herz und einer tiefen Überzeugung machen müsse, weil man nur dann bis 60, 70 oder, Achtung!, 80 arbeiten könne …

Olaf Scholz werkelt bereits an der neuen, an seiner Geschichte für die kommenden Jahre seiner Amtszeit. Damit hat er am Abend der Bundestagswahl begonnen. Als in der Elefantenrunde der Parteichefs und Spitzenkandidaten bei *ARD* und *ZDF* die anderen noch über das aktuelle Ergebnis und die Folgen debattierten, war Scholz in Gedanken schon viel weiter. Er sagte, angesprochen auf eine mögliche Ampel-Koalition und deren Zukunft: „Es geht um eine Regierung, die vernünftige Zielsetzungen hat und sich auch miteinander vornimmt, gut zu regieren. Durchaus mit einer Perspektive, dass man sagt: Wenn wir antreten zusammen, wollen wir auch gemeinsam wiedergewählt werden."

Der Blick nach vorn ist der wichtigste, den Olaf Scholz kennt, da hält er es ganz mit Helmut Schmidt. Das Bemerkenswerteste an Schmidt, hat Scholz einmal gesagt, sei gewesen, dass er „praktisch bis zu seinem letzten Tag über die Zukunft nachgedacht hat. Das hat, denke ich, einen Teil seiner physischen Kraft ausgemacht bis ins hohe Alter." Für Scholz gilt das genauso. Was geschehen ist, ist geschehen, was ihn interessiert, ist das, was kommt. Er freut sich auch deshalb nicht besonders über Siege und hakt Niederlagen schnell ab, weil er daran nichts mehr ändern kann. Scholz fasziniert das, was er beeinflussen und gestalten kann, darüber denkt er nach.

Wer sich als Bundeskanzler eine Strategie für eine Regierung mit anderen Parteien überlegt, wer Ziele festsetzt und diese erreichen will, muss zwangsläufig vom Ende her denken. Und das Ende ist die nächste Bundestagswahl, die voraussichtlich wieder eher so sein wird wie all die anderen vor 2021. Dann dürfte der amtierende Bundeskanzler wieder antreten, dann wird Olaf Scholz kein Politiker mehr sein, mit dem die Menschen nichts anfangen können. Im für ihn günstigsten Fall läuft es so wie einst in Hamburg, als die Menschen erst begannen, den Politiker Scholz zu verstehen, und dann daraus so etwas wie Wertschätzung für die Person ableiteten. Die Voraussetzungen für ihn werden auf jeden Fall gänzlich andere sein als 2021. Das gilt nicht nur für die Rolle als Außenseiter, die Scholz bereits zum Amtsantritt im Winter 2021 überwunden hatte, sondern auch für seine Stellung in der SPD. Es war klar, dass er trotz seines Sieges bei der Bundestagswahl nicht versuchen würde, Parteivorsitzender zu werden, auch wenn Norbert Walter-Borjans Ende Oktober 2021 erklärte, seinen Posten zur Verfügung zu stellen. Der Co-Chef der SPD, der neun Tage vor der Bundestagswahl 69 Jahre alt geworden war, machte Platz für einen Generationenwechsel, nachdem ihm zusammen mit Saskia Esken die Befriedung der Partei gelungen war. Die Verjüngung an der Spitze wird das nächste große Projekt der Sozialdemokratie sein, gerade wenn man einen Kanzler hat, der in seiner ersten Amtszeit über 60 ist.

Vergleicht man Olaf Scholz, Jahrgang 1958, mit Frankreichs Staatspräsident Emmanuel Macron, Jahrgang 1977, ist er alt. Vergleicht man ihn mit US-Präsident Joe Biden, Jahrgang 1942, ist er jung. Die Wahrheit liegt in diesem Fall nicht in der Mitte, sondern in der neuen Bundesregierung. Die hat, was das Alter angeht, die richtige Mischung: Christian Lindner (Jahrgang 1979) und Annalena Baerbock (Jahrgang 1980) waren noch nicht einmal geboren, als Olaf Scholz in die SPD eintrat.

Scholz braucht die jungen Politikerinnen und Politiker in seinem Kabinett, um die Geschichte von der Erneuerung des Landes nicht nur inhaltlich, sondern auch personell unterfüttern zu können. Die FDP und die Grünen brauchen Scholz, weil er das im Übermaß mitbringt, was die Vertreter der beiden kleinen Parteien nicht haben: Regierungserfahrung. Christian Lindner gilt seit Jahren als einer der profiliertesten politischen Köpfe des Landes, er hat oft und klug erklärt, wie man etwas besser machen sollte und könnte. Ein Staatsamt, das heißt echte Verantwortung, hat er bisher nicht gehabt. Der Beweis, dass er es kann, steht, wie bei den meisten Liberalen und Grünen, aus.

Das ist Chance und Risiko zugleich. Chance, weil neue, junge Ministerinnen und Minister anders führen, anders denken und handeln als die, die das teilweise schon gewohnheitsmäßig getan haben. Risiko, weil Ämter wie die des Finanzministers, des

Außenministers oder des Verteidigungsministers keine Fehler verzeihen. Soll heißen: Es wird genügend Momente geben, in denen die neuen Regierungsmitglieder froh sein werden, einen „alten" Kanzler mit dessen Erfahrung im Hintergrund zu haben. Theoretisch ist die personelle Aufstellung an der Spitze der Bundesregierung eine, die einen Neuanfang mit Seriosität und Gelassenheit verspricht.

Dass Olaf Scholz schon kurz nach der Bundestagswahl von einer Fortsetzung der Ampel-Koalition, die es zu diesem Zeitpunkt noch nicht einmal in Ansätzen gab, über die kommende Legislaturperiode hinaus sprach, hat auch mit den Zielen zu tun, die die drei Parteien im Wahlkampf verfolgten. Das waren nämlich Ziele, vor allem wenn es um die Bekämpfung des Klimawandels ging, denen Vier-Jahres-Pläne nicht gerecht werden. Vieles, was die Ampel-Koalition sich vorgenommen hat, reicht weit in die Zwanziger-Jahre dieses Jahrhunderts hinein, die persönlichen Karrierepläne der Beteiligten tun das in der Regel ebenfalls. Der Anspruch von SPD, Grünen und FDP geht über die nächste Bundestagswahl hinaus. Das ist eine Chance für das Land, aber auch für die drei Parteien. Wenn sie es gut machen, wenn die Menschen in den kommenden Jahren das Gefühl haben, dass sie auf dem richtigen Weg sind, dann ist die Möglichkeit wirklich groß, dass es auf diesem Weg weitergeht.

Das ist ein Erzählstrang der neuen Scholz-Story, ein anderer wird die Entwicklung der CDU/CSU sein, die nach der Bundestagswahl das vor sich hat, was die SPD nach dem Wahldebakel mit ihrem Spitzenkandidaten Martin Schulz 2017 erlebt hat. Mit dem Unterschied, dass die Union sich in der Opposition erneuern muss. Was wie ein Vorteil klingt, weil man als Partei dort keine Rücksicht auf die Regierung nehmen muss, wäre für die SPD vor 2021 ein Nachteil gewesen. Wäre man nicht Partei in einer Großen Koalition gewesen, hätte Olaf Scholz sich nicht als Vizekanzler und Bundesfinanzminister als Merkel-Nachfolger etablieren können. Scholz wäre heute nicht Kanzler, sondern wahrscheinlich noch Hamburger Bürgermeister und die SPD in der Opposition.

Wie es der CDU/CSU dort ergeht, wie lange sie braucht, um die Ära Merkel hinter sich zu lassen und einen Neufang zu beginnen, der diesen Namen verdient, und was das für die politische Ausrichtung der Partei heißt, weiß heute niemand. Erholt sich die Union, die in ihrem Verständnis vor der Bundestagswahl die letzte verbliebene Volkspartei gewesen ist? Kommt sie in Zukunft, wenn man den richtigen Kanzlerkandidaten oder die richtige Kanzlerkandidatin findet, wieder regelmäßig auf Ergebnisse von 30 Prozent plus x? Oder muss sich Deutschland wie andere europäische Länder an Dreier-Bündnisse gewöhnen, in denen die bisher kleineren Parteien wie die Grünen und die FDP eine andere Rolle spielen, weil die größeren Parteien, wie die CDU und die SPD, geschrumpft sind?

Olaf Scholz stellt sich auch in Zukunft auf dieses Szenario ein und es macht ihm aus zwei Gründen keine Angst. Zum einen, weil er der erste Kanzler ist, der auf Bundesebene eine solche Konstellation zusammengebracht hat. Zum anderen, weil, wie er sagt, „die Große Koalition in Wahrheit auch eine Drei-Parteien-Koalition war".

Der 26. September 2021 war das Ende einer Legende, der Erzählung von einem Außenseiter, der beschloss, Kanzler der Bundesrepublik Deutschland zu werden, auch wenn es allen anderen unwahrscheinlich erscheinen mochte. Die Scholz-Story wird in die Geschichte eingehen, gerade weil sie sich so zugetragen hat, wie der Hauptdarsteller es angekündigt hat. Und weil man es immer noch kaum glauben kann.

Der 26. September 2021 war auch der Beginn eines neuen Kapitels, in unserem Land genauso wie im Leben von Olaf Scholz. Was heißt hier: Kapitel. Wenn es gut läuft, wird daraus ein weiteres Buch.

Zehn Jahre mit Scholz und die Frage, warum es kein Buch über ihn gab

Als im Sommer 2011 bekannt wurde, dass ich als Chefredakteur vom *Weser-Kurier* aus Bremen zum *Hamburger Abendblatt* wechseln würde, erreichte mich als eine der ersten Anfragen die des damaligen Bürgermeisters. Olaf Scholz erkundigte sich, ob ich nicht Lust hätte, ihn zu treffen. Es sollte eines der wenigen Male bleiben, dass die Initiative dazu von ihm ausging. Scholz hatte, wie man in diesem Buch lesen konnte, viele Grundsätze und Regeln, eine lautete: „Wir sind nie beleidigt – wir sind nie hysterisch." Das hieß auch, dass er sich nicht über etwas beschwerte, was in der Zeitung berichtet wurde, und dass er sich so gut wie nie bei einem Chefredakteur von sich aus meldete. Motto: Rufen Sie an, ich rufe nicht an. (Und wenn es doch einmal etwas zu besprechen gab, war da ja immer noch Wolfgang Schmidt …)

Zu unserem ersten Gespräch trafen wir uns nicht in seinem eher schmucklosen Büro, in dem Scholz gern an einem Stehpult arbeitete, sondern im historischen Bürgermeisteramtszimmer im Hamburger Rathaus. „Die Einrichtung zeigt, dass es sich bei diesem Raum nicht um ein Büro handelt, sondern um einen repräsentativen Raum, deshalb auch die aufwendig gestalteten Fenster mit ehemaligen Bürgermeistern. In diesem Zimmer empfängt die Erste Bürgermeisterin bzw. der Erste Bürgermeister die Gäste zum Gespräch", heißt es in einer Beschreibung der Hamburgischen Bürgerschaft dazu. „Hier wird auch das ‚Goldene Buch' aufbewahrt, in das sich Ehrengäste der Stadt eintragen. Es liegt in einem verschlossenen Pult auf rotem Samt."

Wenn der Bürgermeister Gäste beeindrucken will, dann empfängt er sie hier, an einem langen Tisch, auf dem die Hamburger Versionen von Softgetränken stehen, Fritz-Cola oder Lemonaid. Meist muss man warten, wenn man hier mit dem Bürgermeister verabredet ist (es gibt Schlimmeres), beim ersten Mal war Olaf Scholz vor mir da. Er stand an einem der großen Fenster, die auf den Rathausmarkt hinausgehen und zeigte in Richtung Binnenalster: „Das ist also die Binnenalster …", sagte er und da wusste ich, dass man noch so lange Hamburger gewesen und in dieser Stadt geboren sein konnte: Wenn man einmal in Bremen gearbeitet hatte, musste man darauf, dass man nicht nur die Binnenalster, sondern auch den Unterschied zur Außenalster kannte, hinweisen.

Ich habe außer dieser Anekdote keine genauen Erinnerungen mehr an mein erstes Gespräch mit Olaf Scholz. Ich weiß nur, dass ich damals als Bürger dem eloquenten, jungenhaften Ole von Beust, seinem Vorgänger von der CDU, etwas hinterhertrauerte, der für mich das neue Hamburg verkörpert hatte. Scholz schien mir zu sehr so zu sein wie die klugen, aber oft auch etwas drögen SPD-Bürgermeister, die Hamburgs Geschichte über Jahrzehnte geprägt hatten.

Scholz hatte im März 2011 als Bürgermeister in Hamburg begonnen, ich im Juli als Chefredakteur des *Hamburger Abendblatts*. In den ein bis zwei Jahren darauf hatten wir oft ein ähnliches (Abend-)Programm, die gleichen Termine, Gründerpreis, Presseball, Handwerkskammer, Industrieverband. Es gab Wochen, in denen wir uns zwei-, dreimal über den Weg liefen, es war ein bisschen wie beim Hasen und dem Igel. Wo immer ich hinkam, Scholz war schon da, er nahm das neue Amt sehr ernst und verzichtete auf das, was andere Freizeit nennen. Obwohl wir uns so oft sahen, hat es bestimmt 40 oder 50 Begegnungen gedauert, bis ich nicht mehr das Gefühl hatte, mich Scholz vorstellen zu müssen. Damit wir uns nicht falsch verstehen: Er wusste, wer ich war, wie er immer wusste, mit wem er es zu tun hatte, wenn er Menschen traf. Aber ein Gefühl der Distanz und des Fremden blieb deutlich länger als bei anderen, ganz gleich, ob es Politiker, Unternehmer oder Künstler waren.

Ich weiß nicht, wie viele (Hunderte?) Male ich Olaf Scholz in den zehn Jahren, in den ich ihn intensiv beobachtet und verfolgt habe, begegnet bin. Es waren Hintergrundgespräche genauso wie offizielle Interviews dabei, mit mehreren Kollegen oder nur zu zweit in meinem oder seinem Büro. Wir haben zu Abend gegessen, nach Konzerten in der Elbphilharmonie ein Glas Wein miteinander getrunken, manchmal nur zehn Minuten miteinander geredet, das nächste Mal zwei Stunden. Meistens habe ich ihm zugehört, wenn er eine Rede gehalten hat, und ich erinnere mich, dass zu den besten eine über Außenpolitik gehört hat, die er vollkommen frei gehalten hat, statt wie meist aus einer dieser Ledermappen mit dem Hamburg-Wappen etwas vorzulesen, was andere für ihn vorbereitet hatten.

Einmal im Jahr musste Olaf Scholz mir zuhören. Beim Neujahrsempfang des *Hamburger Abendblatts* war er sowohl als Bürgermeister als auch Vizekanzler bis auf eine Ausnahme immer zu Gast, stand vorn in der ersten Reihe und verfolgte (meine) Reden, in denen es immer auch um ihn ging. Ich habe mich nach meinem ersten Neujahrsempfang 2012 gefragt, ob man in Hamburg Scherze über den HSV und Olaf Scholz machen kann. Die Antwort ist: Scherze über den HSV werden einem vom HSV schnell übelgenommen. Scholz kann dagegen auch vor tausend Zuschauern über sich lachen. Ja, lachen, und zwar richtig. Wer behauptet, Olaf Scholz habe keinen Sinn für Humor, der kennt ihn nicht lange genug.

Überhaupt glaube ich, dass der Schlüssel zum Verständnis des Politikers und Menschen Olaf Scholz ist, dass man sich länger mit ihm beschäftigt. Weil die meisten Menschen diese Zeit nicht haben, haben sie mindestens ein unvollständiges, wenn nicht ein falsches Bild. Ich persönlich habe wenige Politikerinnen und Politiker kennengelernt, denen ich politisch so viel zugetraut habe und anvertraut hätte wie Olaf Scholz. Dabei hatte und habe ich einen Hang zu charismatischen Politikern, zu Menschen wie Barack Obama oder Justin Trudeau oder Emmanuel Macron, war seinerzeit auch sehr angetan von den Auftritten des jungen Karl-Theodor zu Guttenberg. Ausstrahlung beeindruckt schneller als Kompetenz, sie glänzt im wahren Sinne des Wortes mehr und nimmt die Menschen deshalb leicht gefangen. Es ist die Sache mit dem Schein und dem Sein, die es Politikern wie Olaf Scholz, aber auch Angela Merkel schwerer fallen lässt als anderen, bekannt zu werden. Bei denen, die es dann doch schaffen, die am Ende sogar Kanzler werden, kann man dafür sicher sein, dass sie etwas können.

Die Idee für dieses Buch entstand kurz nach der Bundestagswahl am 26. September, als mein Schwager mich fragte, ob es eigentlich ein Buch über Olaf Scholz gebe. „Nein", sagte ich, googelte sicherheitshalber noch einmal und blieb dabei: „Nein." „Warum schreibst du dann keins, du kennst ihn doch so gut?", sagte mein Schwager. Wenige Stunden später saß ich am Computer.

Ich danke Ihnen, liebe Leserinnen und Leser, dass Sie „Olaf Scholz – Der Weg zur Macht" gelesen haben. Ich danke meinem Schwager Meik Laufer für den Impuls, entschuldige mich bei meiner Familie für den Urlaub, der wegen Olaf Scholz nicht so verlaufen ist, wie er geplant war. Ich danke Claus-Dieter Grabner und Kathrin Butt von Klartext für ihre Entschlussfreudigkeit, Stephan Steinlein für den entscheidenden Tipp zum Titel, Matthias Iken, Peter-Ulrich Meyer, Andreas Dey, Jan Melzer und Berndt Röttger für wichtige und wichtigste Hinweise, Sibylle Brakelmann für das Lektorat und Sibylle Schomaker für die Organisation.

Wer bei mir ein Buch bestellt, bekommt es auch!